ICONS

Charlotte & Peter Fiell

DESIGN
HANDBOOK

CONCEPTS · MATÉRIAUX · STYLES

TASCHEN

KÖLN LONDON LOS ANGELES MADRID PARIS TOKYO

« *L'utilité est l'une des principales sources de la beauté... La capacité d'un système ou appareil à s'acquitter de la fonction pour laquelle il a été conçu lui confère une certaine propriété et une certaine beauté qui en rend la simple pensée et contemplation agréable.* »
Adam Smith,
Théorie des sentiments moraux
1759

Depuis toujours, le design est inextricablement lié à la vie de tous les jours et à la culture. Son champ d'application est vaste : objets en trois dimensions, œuvres graphiques et environnements, des technologies de l'information aux paysages urbains. Au sens le plus large du terme, à savoir la conception et réalisation de tous les produits fabriqués par l'homme, le design est omniprésent. Cependant on fait souvent remonter le design, dans son acception moderne, à la production mécanisée introduite par la Révolution industrielle. Avant cette époque, les objets étaient produits de manière artisanale, c'est-à-dire conçus et fabriqués généralement par un seul et même individu. L'avènement des procédés de fabrication industriels et la division du travail ont séparé le design de l'acte de fabrication. Par ailleurs, le design ne jouissait pas d'un statut particulier parmi les nombreux domaines étroitement liés les uns aux autres de la fabrication mécanisée. Ce n'est que grâce à ses réformateurs, William Morris notamment, qu'il a acquis une dimension théorique et philosophique. C'est pourquoi, la fin du XIXᵉ siècle et le début du XXᵉ ont été les témoins d'une floraison extraordinaire d'une conception idéalisée du design en Europe, du mouvement des **Arts and Crafts** à l'**Art nouveau**, en passant par le **Jugendstil**. La fusion de la théorie du design avec la production industrielle s'est faite peu après, à l'instigation, entre autres, de Walter Gropius. Cherchant à réconcilier l'idéalisme social avec la réalité de l'économie marchande, tout en englobant la culture industrielle et technique naissante, Gropius a fondé le **Bauhaus** en 1919. Les principes forgés dans ce cadre ont été repris par la suite par le New Bauhaus de Chicago – qui allait prendre plus tard le nom de **Institute of Design** – et par la **Hochschule für Gestaltung** de Ulm. La fusion fondamentale du design et de la civilisation industrielle que ces institutions défendaient a été réalisée dans ce qu'on a appelé le **Mouvement moderne** ou le **Style international**. Dans les années 1960, cependant, le consensus moderniste avait commencé à se fissurer. L'**Independant Group** en Grande-Bretagne et les chefs de file de l'**anti-design** et du **design radical** italiens mettaient à mal les crédos modernistes, pour déboucher sur le **Pop Design**, le **déconstructivisme** et le **post-modernisme**. Quand on étudie l'histoire du design, il est important de se rappeler que ces créations ne peuvent être comprises en dehors de leur contexte social, économique, politique, culturel et technique. Or les goûts des consommateurs évoluent constamment. Designers et fabricants réagissent à des impératifs de coût et de demande qui changent rapidement. D'ailleurs, les cycles que traversent les économies occidentales ont eu un impact sur les designers, comme le montre la corrélation entre le design et le **stylisme**. Tandis que le stylisme a pour objet l'aspect d'un produit, l'objectif premier du design est d'apporter une solution à un problème. Le design s'efforce d'être holistique dans son approche, généralement en quête de simplification et de l'essentiel. Bien que le stylisme soit souvent un aspect complémentaire de la solution apportée par le design, il s'agit de deux disciplines distinctes. En période de récession, le **design utilitaire** prédomine généralement, tandis qu'en temps de prospérité, l'anti-rationalisme est plutôt florissant. La compréhension de la complexité de cette histoire et de la diversité des philosophies du design requiert aussi une connaissance du processus de design et de sa complexité croissante. Par exemple, le travail de design destiné à la production industrielle est souvent réparti entre un grand nombre de corps de métier : maquettistes, enquêteurs réalisant les études de marché, spécialistes des matériaux, ingénieurs et techniciens de production. Le designer peut être éclipsé par cette pléthore d'experts, représentant chacun une optique particulière. De la même manière, la recherche par l'entreprise de produits compétitifs peut exercer une influence considérable sur le travail et les carrières des designers. D'autres designers cependant ont opté pour le travail en indépendant, éludant les contraintes des procédés industriels et produisant un travail qui est leur expression personnelle. A cet égard, le design n'est pas invariablement lié à la production mécanisée, mais est principalement un moyen d'exprimer des idées et des valeurs en accord avec des objectifs, qui peuvent être ceux d'un individu, d'une entreprise, d'une institution ou d'un pays. Les produits de design, dans ce cas, donnent un aperçu de la personnalité du designer et de la manière dont il comprend la relation entre la solution qu'il apporte par le design, le consommateur et, plus largement, la société dans son ensemble. Aussi ce manuel vise-t-il à mettre en lumière les multiples facettes du design et ses débats internes sur des questions telles que le rôle de la technique et les procédés industriels ; la prééminence de la simplicité et de l'accessibilité sur le luxe et l'exclusivité ; et le rôle de la fonction, de l'esthétique, de l'ornement et du symbolisme dans les objets d'usage courant. Il met en scène ces conceptions, mouvements, écoles et institutions qui ont fait progresser la mise au point de formes, d'applications dans le domaine des matériaux et de procédés techniques et qui ont influé sur l'évolution de la théorie et de la pratique du design. De l'**Art déco** au groupe **Memphis**, ces mouvements ont influencé les cultures, les sociétés et les goûts. Ce ouvrage recèle une mine d'exemples, du mobilier au graphisme en passant par les textiles et le travail du verre, de la céramique et des métaux, en faisant à l'occasion des détours par la décoration intérieure et l'architecture. Des entrées ont été aussi consacrées à des matériaux et leurs propriétés, comme la **bakélite**, le **contre-plaqué** et la **fibre de carbone**, à des domaines moins connus de la pratique du design, tels que le **design médical**, le **design militaire** et le **design pour le sport**, ainsi qu'à des procédés spécifiques à la pratique professionnelle, tels que la **conception assistée par ordinateur**. Le champ d'investigation de cet ouvrage est circonscrit à l'Europe et à l'Amérique du Nord, le format de cet ouvrage exigeant une certaine sélectivité. Aussi les entrées doivent-elles être considérées comme largement représentatives de la grande diversité des approches. Les entrées sont classées par ordre alphabétique, mais des renvois soulignent les liens pertinents entre concepts, mouvements et styles. En mettant en lumière la nature polymorphe du design, ce manuel a pour objectif supplémentaire de démontrer que les idées et valeurs transmises par les designers sont conditionnelles et non absolues. Les solutions apportées par le design sont invariablement éphémères, évoluant avec les besoins des designers, des fabricants et des consommateurs. Cependant, la clé de la diversité observable dans le domaine est peut-être la croyance que même la solution la plus brillante peut toujours être améliorée.

« *Notre capacité à dépasser la machine dépend de notre pouvoir à assimiler celleci. Jusqu'à ce que nous ayons absorbé les leçons de l'objectivité, de l'impersonnalité, de la neutralité, la leçon du royaume mécanique, nous ne pourrons avancer dans notre évolution vers une plus grande richesse organique, une plus grande profondeur humaine.* » Lewis Mumford, *Technics and Civilization*, 1934

AERODYNAMICS AESTHETIC MOVEME
DESIGN ANTHROPOMETRICS ANTI-DI
CRAFTS MOVEMENT (GB) ARTS & CF
BAKELITE BAUHAUS BENT WOOD BIC
FIBRE CERAMICS CHROMIUM CC
COMPUTER-AIDED DESIGN & -MANUF
IDENTITY CRAFT REVIVAL DE STIJL DE
DESIGN FOR DISABILITY DESIGN FO
FOR THE THIRD WORLD DEUTSCHER
ERGONOMICS ESSENTIALISM FORDIS
KUNSTWERK GOOD DESIGN HIGH-TE
INDEPENDENT GROUP INDUSTRIAL D
INTERNATIONAL STYLE JUGENDSTI
MILITARY DESIGN MINIATURIZATION M
DESIGN PACKAGING PLANNED OBS
DESIGN POST-INDUSTRIALISM POST
RADICAL DESIGN RATIONALISM RE
RUBBER SECESSION SEMIOTICS SIGN
DIZATION STREAMLINING STYLING S
TUBULAR METAL UTILITARIAN DESIC

AGITPROP ALUMINIUM ANONYMOUS
N ART DECO ART NOUVEAU ARTS &
S MOVEMENT (USA) AVANT-GARDE
RPHISM BORAX BRANDING CARBON
JR IN DESIGN COMPASSO D'ORO
TURE CONSTRUCTIVISM CORPORATE
NSTRUCTIVISM DESIGN FOR CHILDREN
AFETY DESIGN FOR SPORT DESIGN
ERKBUND ENVIRONMENTAL DESIGN
FUNCTIONALISM FUTURISM GESAMT-
HOCHSCHULE FÜR GESTALTUNG, ULM
GN INSTITUTE OF DESIGN, CHICAGO
ITSCH MEDICAL DESIGN MEMPHIS
ERN MOVEMENT MODERNE ORGANIC
ESCENCE PLASTICS PLYWOOD POP
ODERNISM PRODUCT ARCHITECTURE
O DESIGN ROYAL COLLEGE OF ART
E SOFT DESIGN/SOFT-TECH STANDAR-
REALISM SWISS SCHOOL TAYLORISM
VKHUTEMAS WIENER WERKSTÄTTE

AERODYNAMICS

AÉRODYNAMIQUE

Mercedes-Benz 190
de **Bruno Sacco** cans
une soufflerie, 1983

L'aérodynamique est une branche de la physique qui étudie l'action de l'air et des fluides en mouvement, et en général des forces qui s'exercent sur un corps, avion, bateau ou voiture, exposé à ces éléments. L'aérodynamique est basée sur un principe fondamental : moins il rencontre de résistance, plus un corps se déplace rapidement et efficacement. Le fait que l'air oppose une résistance aux corps en mouvement au lieu d'en faciliter la progression est connu depuis longtemps : des précurseurs de génie comme Léonard de Vinci l'ont démontré dès la fin du XVe siècle. Galilée, l'astronome et mathématicien, a ensuite prouvé que la résistance était proportionnelle à la vélocité d'un objet. A la fin du XVIIe siècle, le physicien hollandais Christiaan Huygens et Isaac Newton, le mathématicien et physicien anglais, ont démontré que la résistance qui freinait le déplacement d'un corps était proportionnelle au carré de sa vitesse. Ces découvertes et celles qui les ont suivies ont fourni la base scientifique de l'application pratique de l'aérodynamique à la conception des bateaux, des trains, des automobiles, des avions et des fusées. L'aérodynamique moderne apparaît en 1903, époque du premier vol des frères Wright dans un avion à moteur. Le physicien allemand Ludwig Prandtl est généralement reconnu comme le père de cette science moderne. C'est notamment lui qui a découvert le phénomène de la « couche limite » qui se forme autour du corps en mouvement dans l'air ou l'eau, découverte qui a conduit à une meilleure compréhension des contraintes qui s'exercent sur ce dernier.

Alfa Romeo 40–60
HP, 1913

Prandtl et Frederick Lanchester, un ingénieur anglais, ont étudié par la suite, chacun de leur côté, la théorie de l'aile, qui permet d'expliquer les écoulements de l'air et la notion de portance. Au début des années 1920, des designers industriels comme Paul Jaray mettent au point des souffleries afin d'améliorer l'aérodynamisme de leurs véhicules. En démontrant que le profilage aérodynamique réduit la résistance, améliore la vitesse, réduit la consommation de combustible et améliore la stabilité, les recherches de Jaray ont exercé une influence profonde sur le design automobile, notamment les voitures produites par Tatra, Audi et Porsche. Le **style streamline**, très répandu dans les années 1930 (appareils électroménagers, aspirateurs et réfrigérateurs, par ex.) relève souvent plus d'un souci stylistique que d'une démarche scientifique ou de la nécessité d'une performance aérodynamique. Exception notable, le Chrysler *Airflow* dont les design est dû à Carl Breer (1934). Ce modèle, malgré un semi-échec commercial, marque cependant un tournant dans l'histoire du design automobile. Parmi les autres pionniers de l'aérodynamique, on retiendra l'ingénieur d'origine hongroise Theodor von Kármán dont les recherches ont fait considérablement progresser la théorie des turbulences et des vols supersoniques.

Voiture de course
Auto Union (AUDI)
Type C
avec carrosserie
aérodynamique,
1936–1937

AESTHETIC MOVEMENT

MOUVEMENT ESTHÉTIQUE

Thomas Jeckyll,
Tournesol en acier
pour Barnard,
Bishop & Barnard,
vers 1880

Le Mouvement Esthétique est issu de différentes écoles artistiques anglaises, notamment la renaissance des styles gothique et Queen Anne, auxquels s'ajoutent des influences orientales. Bruce Talbert et Thomas Jeckyll, entre autres, sont responsables de cette fusion hybride qui débouche sur un style anglo-oriental. Inspirés par des gravures sur bois japonaises, et par les céramiques orientales et moyen-orientales qu'importent des sociétés comme Liberty & Co., les initiateurs du Mouvement Esthétique, comme E. W. Goodwin et Christopher Dresser, tentent de réformer le design en introduisant des lignes pures et ordonnées. L'esthétisme devient le « choix d'un mode de vie » pour les classes moyennes éclairées, par exemple les habitants de Bedford Park à l'ouest de Londres. Liberty & Co. n'a pas imposé ce style seulement dans le mobilier de maison mais aussi dans une nouvelle ligne de vêtements féminins amples et fluides. James Abbot McNeill Whistler et Thomas Jeckyll avec sa « Peacock Room » pour la résidence de F. R. Leyland (1876–1877) – maintenant à la Freer Gallery de Washington – incarnent la tendance la plus exotique du Mouvement Esthétique. Ses partisans les plus marquants sont incontestablement Oscar Wilde et Aubrey Beardsley qui célèbrent l'idéal de l'art pour l'art, dans l'atmosphère euphorique de la fin du siècle. Le Mouvement Esthétique, symbolisé par le motif du tournesol, est aussi représenté aux Etats-Unis, principalement dans l'œuvre des Frères Herter et de Louis Comfort Tiffany, et en France dans celle de François-Eugène Rousseau. Le Mouvement Esthétique a aussi influencé deux écoles bien distinctes : l'**Art Nouveau**, avec l'utilisation de motifs empruntés à la nature, et le **Mouvement Moderne**, avec l'adoption de formes japonaises abstraites.

AGITPROP

RUSSIE

Serge Vassiliévitch Tcherkhonine, Assiette de propagande pour la faïencerie d'Etat de Petrograd, 1919

Le terme Agitprop, contraction de la formule « agitation propagande » forgée par Lénine, résume un aspect de la doctrine communiste dans laquelle agitation et propagande doivent se combiner pour assurer la victoire politique. L'agitation est définie comme l'utilisation de slogans politiques et de demi-vérités pour pousser les masses à la révolte contre les injustices, alors que la propagande consiste à marteler les arguments historiques et scientifiques pour rallier l'intelligentsia à la cause communiste. Au lendemain de la révolution russe de 1917, le parti communiste crée le Bureau de l'Agitation et de la Propagande chargé de développer l'art et le design soviétiques subventionnés par l'Etat, institution qui garde le nom d'Agitprop. Utilisant des stocks pré-révolutionnaires de porcelaines vierges, des artistes comme Serge Vassiliévitch Tcherkhonine, Kasimir Malévitch, Maria Vassilievna Lebedeva et Nicolas Suétine les ornent de slogans et de motifs empruntés à des affiches politiques et à des décorations de meetings. A l'occasion du premier anniversaire de la révolution, Natan Altman dessine des édifices et des monuments futuristes inspirés par l'Agitprop pour la place Uritskii à Saint-Pétersbourg. Un an plus tard, en 1919, Vassilii Ermilov participe à plusieurs projets de l'Agitprop, affiches, décoration de trains et de clubs. L'Agitprop doit susciter l'adhésion populaire à la révolution et ses projets grandioses, comme le célèbre monument constructiviste de Vladimir Tatline (1919–1920, Petrograd) dédié à la IIIe Internationale, reflètent l'aspiration à un nouvel ordre mondial.

ALUMINIUM

Rodney Kinsman,
Banc *Seville*
pour OMK, 1991

L'aluminium est le minerai métallique le plus abondant dans la croûte terrestre (environ 8 % du poids total de celle-ci) et c'est le métal non ferreux le plus utilisé au monde. On ne le trouve pas dans la nature sous sa forme métallique, mais il est présent dans la plupart des minéraux. Le principal minerai duquel on l'extrait est la bauxite, une roche composée d'hydrates d'alumine. Bien qu'il n'ait pas réussi, en 1807 à extraire le métal de la roche, c'est à Humphrey Davy que l'on doit l'invention du terme « aluminum », terme qui

Ernest Race, Fauteuil
BA chair pour Race
Furniture, 1945 –
fabriqué à partir
de déchets d'alu-
minium refondus

s'est imposé au Canada et aux Etats-Unis mais est devenu « aluminium » en Angleterre et dans de nombreux autres pays. Hans Christian Ørsted parvient à isoler une forme d'aluminium grossière en 1825. Présenté au public en 1855 à l'Exposition de Paris, l'aluminium est d'abord un métal très onéreux du fait de sa rareté. Mais en 1886, alors que l'énergie électrique, pour un coût relative-ment modique, devient exploitable à grande échelle, la méthode commerciale de production de l'aluminium est découverte simultanément par l'Américain Charles Martin Hall et le Français Paul Louis Toussaint Héroult. Leur procédé de fabrication par électrolyse permet de commercialiser l'aluminium à bas prix et la production annuelle augmente considérablement, passant de 17 tonnes en 1886 à 7 200 tonnes en 1900. Dans les années 1930, l'aluminium devient le matériau de prédilection de nombreux designers industriels, surtout en Amé-rique : ses qualités intrinsèques sont parfaitement adaptées à la réalisation de formes lisses et aérodynamiques qui séduisent les consommateurs. Léger, ductile, très malléable, non-toxique, résistant à la corrosion et excellent con-ducteur thermique et électrique, l'aluminium se prête à de nombreuses appli-cations, des ustensiles de cuisine aux avions. L'aluminium (en alliage), peut être coulé, pressé, façonné, usiné, laminé en très fines feuilles, tissé et extrudé sous forme de tubes et autres formes creuses. L'aluminium combiné à d'au-tres matériaux, comme le manganèse, produit un alliage aussi solide que l'acier. C'est le métal le plus consommé au monde. Grâce à des techniques de coulage et d'extrusion plus sophistiquées, il continue de trouver des appli-cations inédites et innovantes – aussi bien dans le domaine du mobilier que dans celui des composants mécaniques de haute précision.

Fig.2.

ANONYMOUS DESIGN

DESIGN ANONYME

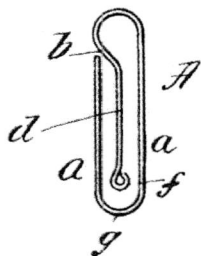

Dessin ancien de
trombone

Nombre d'objets de notre vie quotidienne sont le résultat de décennies et de siècles d'évolution anonyme. Celle-ci ressemble à un processus de « sélection naturelle » commandé par des besoins pratiques plutôt que par des choix esthétiques. Il s'agit d'objets extrêmement fonctionnels, dont les performances ont été améliorées par des générations d'artisans, de fabricants et de designers. Gio Ponti définissait ces objets qui n'appartiennent à aucun style ou mouvement particulier comme relevant du « design sans adjectif ». Dès le milieu du XIXᵉ siècle, ces objets anonymes sont célébrés pour leur honnêteté, leur intégrité et leur beauté : A Londres en 1849, lors d'une réunion des Francs-Maçons de l'Eglise, William Smith Williams déclarait : « L'adaptation de l'objet à sa finalité, bien loin de produire de la laideur, tend vers la beauté ... Les outils les plus ordinaires, les plus grossiers et les plus vieux, la charrue, la faux, la faucille offrent

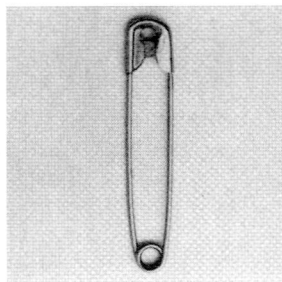

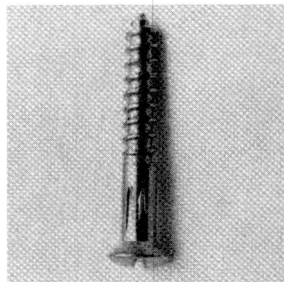

Six objets anonymes – de la
boucle de ceinture
à l'humble vis

des exemples de courbes splendides. Les formes les plus élémentaires, les plus simples si elles sont bien proportionnées et de contours gracieux, sont les plus plaisantes ». Le **Deutscher Werkbund**, reprendra par la suite ces idées et reproduira dans son catalogue *Form Ohne Ornament* (Forme sans Ornement) de 1924 ce type d'objets industriels anonymes et fonctionnels. La théière anglaise classique, parfois surnommée « Brown Betty », résultat de siècles d'utilisation et d'améliorations, offre un autre exemple d'objet anonyme au design remarquable : elle verse bien, le thé y infuse remarquablement et elle ne se salit pas. Peu d'objets peuvent se vanter d'une adaptation aussi réussie à leur fonction. L'étude d'objets anonymes comme le trombone, la pince à linge, le bouchon de Champagne, la bouteille de vin, la fermeture éclair, la punaise, l'épingle de nourrice, le cadenas, la pince à épiler et la vis démontrent que, dans la plupart des cas, la mise au point progressive donne de meilleurs résultats que l'innovation radicale.

Théière « Brown Betty », Angleterre – ce type de théière existe depuis des siècles

ANTHROPOMETRICS

ANTHROPOMÉTRIE

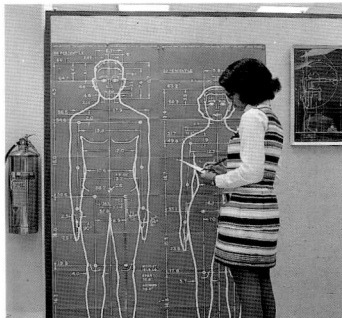

Tableau
anthropométrique,
années 1960

« Joe », l'homme
moyen, diagramme
tiré de *Designing for
People*, Henry
Dreyfuss, 1955

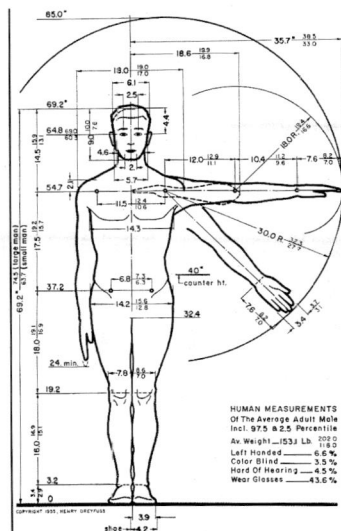

L'anthropométrie est le recueil et la corrélation systématique des mensurations du corps humain. Elle a été fondée à la fin du XIXe siècle par des chercheurs en sciences humaines dans le but d'évaluer les différences physiques entre les différents groupes humains et de mettre en évidence l'existence de caractères morphologiques communs aux criminels. L'anthropométrie ne joue un rôle important dans le design que depuis les années 1920, époque où des designers scandinaves précurseurs comme Kaare Klint commencent à lier la conception d'objets du quotidien aux formes du corps humain. L' « human engineering » ou application des données anthropométriques ne se généralise qu'après la Seconde Guerre Mondiale, moment où les recherches effectuées durant la guerre sont rendues publiques. Le designer industriel américain Henry Dreyfuss fut l'un des plus éminents adepte de l'anthropométrie et du domaine voisin de l'**ergonomie**, il a montré le rôle essentiel de ces disciplines dans le design. Son ouvrage séminal *Designing for People* (1955) est illustré de figures humaines de taille moyenne dessinées à l'échelle, baptisées par Dreyfuss « Joe » et « Josephine ». Toutes les mensurations entre « points de repères » essentiels – la distance du coude au poignet ou celle qui sépare le genou de la cheville, par exemple sont indiquées dans son ouvrage. Dreyfuss explique qu'il a utilisé des maquettes de Joe et Josephine pour définir la configuration idéale des produits qu'il créait, qu'il s'agisse de sièges de tracteurs ou de standards téléphoniques. Dreyfuss a exposé les résultats globaux de ses recherches dans son dernier ouvrage, *The Measure of Man : Human Factors in Design* (1960) qui a contribué à généraliser l'usage des données anthropométriques parmi les designers. Les recherches de Dreyfuss en anthropométrie ont été reprises par la suite par des groupes de design scandinaves comme Ergonomi Design Gruppen, qui s'est concentré sur le **design pour handicapés**. Les applications des données anthropométriques au processus de création ont beaucoup progressé ces dernières années.

Diagrammes présentant en pourcentage les mensurations moyennes de l'Américain et de l'Américaine (Etats-Unis), d'après l'ouvrage *Humanscale*, Henry Dreyfuss Associates

ANTI-DESIGN

Rejetant les préceptes rationnels du **Mouvement Moderne**, l'Anti-Design s'efforce de valoriser l'expression créative individuelle dans le design. Le **surréalisme** fut un des premiers exemples conscients de design alternatif, et il a influencé, dans les années 1940, des designers anti-rationalistes du baroque turinois comme Carlo Mollino. L'Anti-Design n'est pourtant pas devenu un courant d'**avant-garde** avant la fin des années 1960, époque où plusieurs groupes prônant un **Design Radical** sont apparus en Italie. Des groupes, comme Archizoom, Superstudio, UFO, Gruppo Strum, et 9999,

Piero Gatti, Cesare Paolini & Franco Teodoro, *Sacco*, 1968

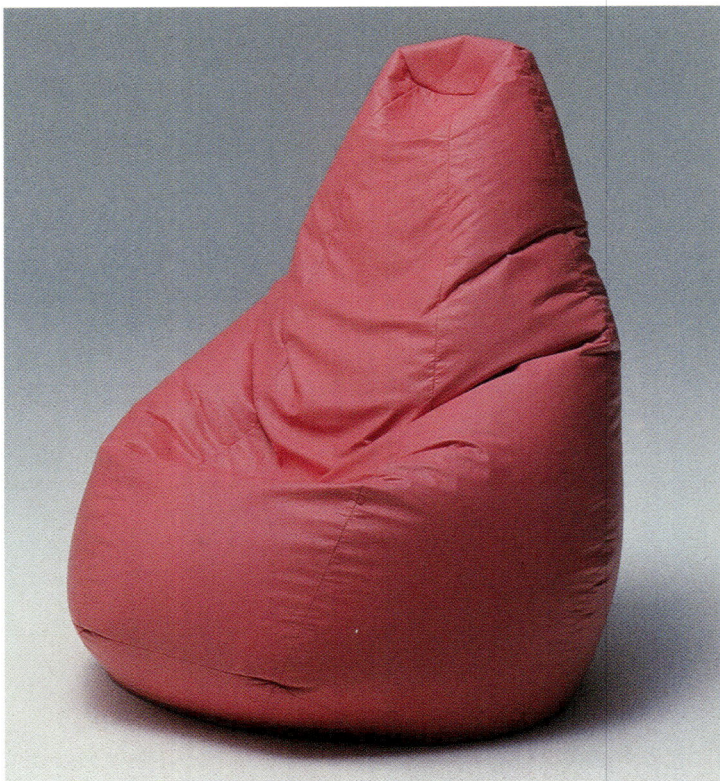

Alessandro Mendini,
Canapé *Kandissi*
pour Studio
Alchimia, 1978

estimaient que le modernisme, asservi aux intérêts industriels et devenu un pur stratagème de marketing ne reflétait plus les préoccupations de l'avant-garde et avait perdu son rôle culturel dynamique. Le design alternatif, très en pointe dans sa critique de la surenchère technologique et de la société de consommation, a prôné un design de l'évasion et cherché à prouver, à travers des projets provocateurs, comme les superstructures de Superstudio et *No-Stop City* d'Archizoom qu'à ses limites le rationalisme était porteur de conséquences absurdes. Global Tools, école d'anti-architecture et d'anti-design, est officiellement fondée en 1974. Son objectif: explorer des techniques simples, non-industrielles pour tenter de promouvoir la créativité individuelle. Un an plus tard, l'équipe de Global Tools se disperse, marquant la fin de la première époque de l'Anti-Design des années 1970. A l'époque, de nombreux designers associés au mouvement, tels Alessandro Mendini et Ugo La Pietra estiment que le courant radical du design alternatif n'a pas d'avenir. Dans la croisade de l'anti-design, la relève est rapidement assurée par d'autres: trois ans plus tard, des designers emmenés par Studio Alchimia reprennent le flambeau. Ils rejettent le conservatisme dominant des années 1970 et ambitionnent de redonner au design sa spontanéité, sa créativité et son sens. Pour les membres de Studio Alchimia, le contenu politique, les allusions ironiques à la culture de masse et les références conscientes au passé l'emportent sur les préoccupations fonctionnelles. Ils déclarent notamment que «l'on ressent le besoin, aujourd'hui, de situer plus près des hommes et du monde, des objets distants, très distants, comme les signaux de notre vocation à la magie de la pensée, comme des bouées dans la mer houleuse de la modernité. Des objets paradoxaux, uniques, isolés, complets et auto-définis.» Au début des années 1980, avec l'émergence de **Memphis** en Italie et de critiques américains comme Charles Jencks qui réclame des «éléments qui soient hybrides plutôt que purs ... une vitalité brouillonne plutôt qu'une unité évidente» (M. Collins & A. Papadakis, *Post-Modern Design*, Londres 1989, p. 49), le design alternatif avec sa libération de la décoration pour elle-même a produit un style international reconnaissable, le **Post-Modernisme**. Durant le boom des années 1980, le design alternatif a taillé des croupières au design dominant, nombre de consommateurs plaçant la signature du designer au-dessus de tout autre considération.

Alessandro Mendini,
Chaise/table *Zabro*
pour Zanotta, 1984

ART DECO

ART DÉCO

La formule Art Déco caractérise, plutôt qu'un mouvement de décoration proprement dit, un style décoratif
international apparu à Paris dans les années 1920. Des
éléments de ce style sont déjà présents dans le travail
de la **Wiener Werkstätte**, chez le créateur de meubles
italien Carlo Bugatti et chez les constructivistes russes.
Prenant la relève de l'**Art Nouveau**, que son refus de
l'historicisme pousse à privilégier les formes naturelles
et qui marque le tournant du siècle, l'Art Déco emprunte
ses références stylistiques à un éventail éclectique de
sources, dont l'Egypte ancienne, l'art tribal, le **Surréa-**

**Edgar-William
Brandt**, Lampadaire
La Tentation, vers
1925 (base d'E.-W.
Brandt, abat-jour
de Daum Frères)

lisme, le **Futurisme**, le **Constructivisme**, le Néo-Classicisme, l'abstraction
géométrique, la culture populaire et le **Mouvement Moderne**. Les figures
marquantes de ce nouveau style, comme Jacques-Emile Ruhlmann, optent
presque toutes pour un idéal de perfection artisanale et emploient des
matières luxueuses (cuir et nacre) et des bois exotiques. Reposant principalement sur des commandes de riches particuliers, parmi lesquels les cou-
turiers français Paul Poiret et Jacques Doucet, ce style, réfractaire aux exigences d'une production industrielle, ne connut qu'une existence éphémère
et devait inévitablement céder la place à une approche plus populaire du
design. L'Exposition Internationale des Arts Décoratifs qui se tient à Paris en
1925 accueille aussi bien le Pavillon de l'Esprit Nouveau de Le Corbusier que
l'Hôtel du Collectionneur de Ruhlmann et des projets d'autres décorateurs
célèbres de l'époque comme Pierre-Emile Legrain. Cette exposition qui fait
date donne son nom au mouvement. Le style Art Déco rassemble aussi bien
les œuvres d'artisans comme René Lalique, Jean Dunand et Edgar-William
Brandt que celles d'architectes modernistes comme Eileen Gray, Pierre Cha-
reau et Robert Mallet-Stevens. A vrai dire, même des personnalités étroitement associées au Mouvement Moderne comme Le Corbusier et Jean Prouvé ont été, dans certains aspects de leur travail, inspirées par la somptuosité
du style Art Déco. A partir de 1925, ce style s'exprime dans l'œuvre de nombreux architectes et décorateurs. Il ne se cantonne pas à la France et à l'Europe continentale mais se propage en Angleterre et aux Etats-Unis où il est
particulièrement bien accueilli. Les meubles *Skyscraper* de Paul Frankl ou le

Chrysler Building (1928–1930) de William van Alen à New York, peut-être l'ultime expression de l'architecture Art Déco, semblent alors incarner parfaitement les aspirations de l'Amérique moderne. En Angleterre, le style Art Déco reste contenu dans des limites plus strictes qu'ailleurs et trouve une expression subtile dans l'architecture et les objets de Wells Coates. Il se généralise aussi dans l'aménagement de nombreux cinémas, notamment ceux de la société Odeon, qui restituent l'ambiance des salons chromés et rutilants de Hollywood par la sophistication de leur conception Art Déco. Au cours des années 1930, ce style qui évoque le rêve hollywoodien connaît une popularité croissante et finit par être complètement adopté par de grands industriels. Bien que la **bakélite** ait été inventée aux Etats-Unis en 1907, cette résine plastique n'est devenu un matériau utilisé dans l'industrie qu'à la fin des années 1920. Le style sculptural Art Déco convenait parfaitement aux contraintes du moulage de cette nouvelle matière et durant les années 1930 on a vu proliférer toutes sortes d'objets en bakélite, à commencer par les boîtiers de radios. Mais le style Art Déco s'est déprécié de plus en plus avec la production d'objets **kitsch** n'ayant qu'un lointain rapport avec l'excellence artisanale prévalant chez les créateurs français des années vingt. La Seconde Guerre mondiale donnera le coup de grâce à une esthétique maximaliste et essentiellement décorative qu'elle rend obsolète. Dans les années 1960, le style Art Déco a suscité un regain d'intérêt, à la fois chez les collectionneurs et parmi les jeunes designers déçus par le Modernisme. Dans les années 1980, des designers comme Robert Venturi, Hans Hollein et Charles Jencks rendent hommage à l'Art Déco dans leur propre travail, qui, comme celui de leurs prédécesseurs se complaît dans l'excès et l'exubérance.

ART NOUVEAU

Emile Gallé, Vase en camée à décor automnal de crocus, 1899

Le style Art Nouveau, caractérisé par son anti-historicisme, apparaît dans les années 1880. Il s'inspire du mouvement anglais des **Arts & Crafts**, également qualifié de « New Art ». Durant les années 1890, Charles Rennie Mackintosh et des designers liés au mouvement de la **Sécession** viennoise, comme Josef Maria Olbrich, adoptent un style naturaliste abstrait qui privilégie l'arabesque, tandis que d'autres, comme Hermann Obrist et August Endell, inventent les motifs en « coup de fouet ». Une des figures majeures de l'Art Nouveau est l'architecte belge Victor Horta, dont l'Hôtel Tassel (Bruxelles, 1892–1893) fut l'une des premières expressions de ce style en architecture. Ce projet mêlait de façon novatrice les usages structurels et décoratifs du fer et l'usage de colonnes en forme de tiges qui se développent en vrilles tourbillonnantes a été baptisé de « Style Horta ». Ce style est connu en France sous le nom de style Guimard, en hommage aux formes sinueuses et entrelacées chères à Hector Guimard, dont les en-

Friedrich Adler, Service à café pour Metallwarenfabrik Orion, 1904

trées du métro parisien (vers 1900) restent l'expression la plus connue. On utilise aussi la formule de «Style Moderne» comme un synonyme d'Art Nouveau, alors qu'en Allemagne c'est le terme de **Jugendstil** qui se généralise. En Espagne, surtout en Catalogne c'est dans le travail d'Antonio Gaudí y Cornet et de ses successeurs que s'incarne le style Art Nouveau. Ceux-ci comprenaient en général l'Art Nouveau comme un Modernisme, tandis qu'en Italie c'est l'expression de «Stile Liberty» qui définit le renouveau de la décoration de l'époque en hommage au rôle joué par le grand magasin londonien Liberty & Co. dans la propagation de ce style. Emile Gallé et d'autres créateurs proches de l'Ecole de Nancy créent des meubles et des verreries Art Nouveau remarquables. Récusant les styles passés et puisant leur inspiration directement dans la nature, ces artisans affectionnent les lignes étirées et sinueuses empruntées à l'univers botanique qui donnent son identité si typique à ce style. Les formes abstraites et bulbeuses des vases *Favrile* de Louis Comfort Tiffany captent à l'évidence l'essence même de la nature. Les travaux scientifiques de l'époque sur les mécanismes naturels ont joué un grand rôle dans l'attirance des designers des années 1890 pour la nature. On pense notamment à l'ouvrage de Charles Darwin, *De l'origine des Espèces*, publié en 1859, ainsi qu'aux illustrations botaniques de Ernst Haeckel ou encore aux exquises études photographiques de fleurs de Karl Blossfeldt. Par

Eugène Gaillard,
Piédestal pour
J. P. Christophe,
vers 1901–1902

son rejet catégorique de l'historicisme, l'Art Nouveau peut être considéré comme le premier style international vraiment moderne. Il est devenu inextricablement lié à la décadence fin-de-siècle, à cause de la prépondérance des motifs ornementaux. Ce qui explique qu'il ait été surclassé, au début du XXᵉ siècle, par une esthétique mécaniste et que l'**avant-garde** lui ait préféré des formes géométriques simples, mieux adaptées à une production industrielle.

ARTS & CRAFTS MOVEMENT

MOUVEMENT ARTS & CRAFTS
GRANDE-BRETAGNE

Walter Crane, Textile
L'Oranger pour
Jeffrey & Co., 1902
(réédité par Arthur
Sanderson & Sons)

Le mouvement britannique des Arts & Crafts regroupe des architectes et des créateurs progressistes très divers qui ont voulu réformer le design et la société elle-même par un retour à l'artisanat. Consternés par les conséquences sociales et écologiques de l'industrialisation et par le déferlement de produits manufacturés de mauvaise qualité au décor surchargé, les designers de la seconde partie du XIXe siècle comme William Morris s'insurgent contre l'époque dans laquelle ils vivent et plaident pour une démarche plus simple et une éthique du design et de la fabrication. Leur méfiance envers la production industrielle, qui transforme des artisans talentueux en « esclaves salariés », les pousse à insuffler un nouvel élan à l'artisanat traditionnel. La première phase du mouvement britannique des Arts & Crafts révèle l'ascendant de la Confrérie préraphaélite et du retour au Moyen Age qu'elle a popularisé (les artistes Dante Gabriel Rossetti, Edward Burne-Jones et Ford Madox Brown ont tous travaillé pour Morris & Co.). Elle porte aussi l'empreinte du néogothique tardif qu'incarne l'architecte George Edmund Street. Mais les idées réformatrices qui ont exercé la plus grande influence sur le mouvement, sont celles d'Augustus Pugin et de John Ruskin. William Morris est un des premiers à essayer d'appliquer leurs théories quand il fonde, en 1861, Morris, Marshall & Faulkner & Co. (devenu Morris & Co. en 1874). Les produits de Morris & Co., rebelles à toute fabrication mécanisée, veulent exprimer la simplicité enracinée dans un terroir et l'intégrité du travail manuel. Plutôt que d'essayer de réformer la production industrielle et sa finalité commerciale, les premiers responsables Arts & Crafts cherchent à promouvoir la démocratie et la cohésion sociale à travers l'artisanat. Dans une société soumise au capitalisme, Morris, socialiste convaincu, utopiste, estime que le travail manuel est la condition du salut moral aussi bien des travailleurs que des consommateurs. Il n'admet les bienfaits de la mécanisation que dans la mesure où celle-ci produit des objets de qualité et réduit le fardeau du travail, au lieu d'augmenter la productivité. Paradoxe: la fabrication coûteuse des objets artisanaux de Morris & Co. les réserve à une petite élite fortunée. Une deuxième génération de créateurs Arts & Crafts s'inspire des plaidoyers de Ruskin et Morris en faveur de la moralité dans le design et de leur croyance dans l'importance sociale du travail manuel et de la vie communautaire. William R. Lethaby, Arthur Heygate Mackmurdo et Charles R. Ashbee fondent des organisations comme la Century Guild (1882), la St. George's Art Society (1883) et l'Art Workers' Guild (1884) pour produire des objets conformes à l'esprit du nouveau design. Dans cette seconde phase, les designers Arts & Crafts se rapprochent de plus en plus d'une expression vernaculaire et certains d'entre eux, comme Charles Voysey et Ashbee arrivent à la conclusion que la volonté de Morris – mettre des objets de qualité supérieure à la disposition du grand public – est irréalisable sans mécanisation. Ashbee, qui fonde la Guild of Handicraft (Guilde de l'artisanat) en 1888, a même été jusqu'à accuser Morris, avec sa hantise du passé et son rejet presque total du machinisme d'« intellectual luddism » (anti-industrialisme intellectuel primaire). C'est toutefois Ashbee qui s'approche de la réalisation du rêve d'un « idéal rural » cher au mouvement quand il installe sa Guilde de l'artisanat à Chipping Campden en 1902. A l'époque, le mouvement Arts & Crafts travaille en étroite liaison avec les Cotswolds, grâce notamment à Ernest Gimson et aux frères Barnsley, Sidney et Ernest, qui sont installés à Pinbury depuis les années 1990. A partir de 1910, Gordon Russell dessine des meubles dans le style Arts & Crafts à

Charles Voysey,
Etoffe tissée, vers
1900

Broadway, mais vers 1926 sa production est largement mécanisée, avec le souci permanent de concilier qualité irréprochable et prix abordables. Russell supervisera plus tard la production de meubles Utility (utilitaires) et la moralité sous-jacente du mouvement Arts & Crafts a certainement joué un rôle essentiel dans l'élaboration de ce programme étatique. Autres acteurs essentiels dans la diffusion du style Arts & Crafts, Liberty & Co. et Heal & Sons, possèdent tous deux leurs propres ateliers de design et diffusent des objets d'ameublement et de ferronnerie Arts & Crafts. La seconde phase du mouvement, parfois qualifiée de « New Art », est dans une certaine mesure l'équivalent de l'**Art Nouveau** continental et, comme celui-ci, il est resté populaire jusqu'au déclenchement de la Première Guerre mondiale. Les vertus de simplicité, d'utilité et d'adéquation que défendait le mouvement ainsi que sa proposition fondamentale selon laquelle le design peut et doit être utilisé comme un outil démocratique de changement social ont considé-rablement influencé les pionniers du **Mouvement Moderne**. Au XXe siècle, le vocabulaire Arts & Crafts s'est perpétué dans l'idiome de créateurs associés au **Renouveau artisanal**.

Sidney Barnsley,
Armoire, vers 1911

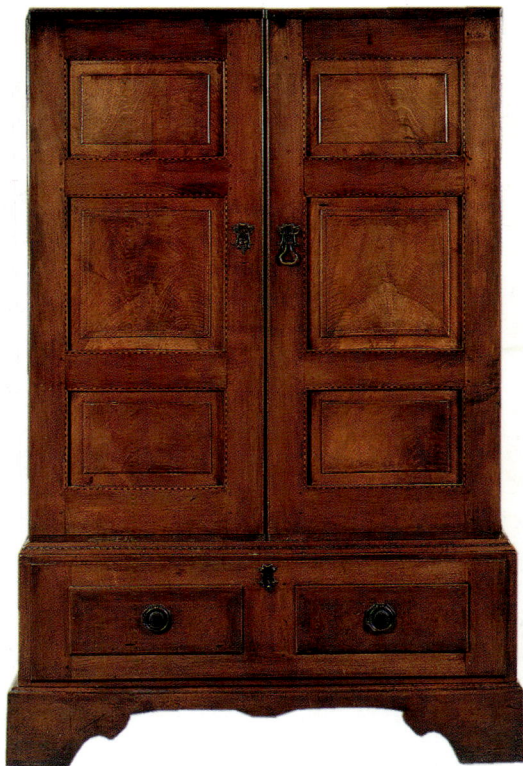

THE CRAFTSMAN
VOL·V   JANUARY·1904   NO·4·

COPY 25 CENTS
PUBLISHED MONTHLY BY THE UNITED CRAFTS SYRACUSE·N·Y·-U·S·A·
YEAR 3 DOL LARS

Couverture du magazine *The Craftsman*, 1904

ARTS & CRAFTS MOVEMENT

MOUVEMENT ARTS & CRAFTS
ETATS-UNIS

Beaucoup de designers américains ont été inspirés par les idéaux du mouvement anglais des Arts & Crafts et sa démonstration concrète qu'un style national puisant dans son inspiration vernaculaire traditionnelle pouvait jouer un rôle de premier plan. Le plaidoyer de William Morris et Charles R. Ashbee en faveur de communautés artistiques rurales a séduit des designers américains comme Gustav Stickley, Charles P. Limbert et Elbert G. Hubbard. En 1898, Gustav Stickley rencontre Charles R. Ashbee et Charles Voysey lors d'un voyage en Europe. A son retour, Stickley crée ses propres ateliers à Syracuse (New York) et fait paraître *The Craftsman*, une revue extrêmement influente. Ses modèles de meubles rustiques marquent un retour aux formes vernaculaires du temps des pionniers et il défend l'honnêteté et la simplicité dans le design. Le style Arts & Crafts américain est en général moins compliqué dans la construction et d'un décor moins chargé que son homologue britannique, car ce sont les aspects sociaux et démocratiques implicites du mouvement plutôt que son insistance sur l'excellence de l'artisanat qui ont séduit les designers américains. L'architecte William L. Price, par exemple, est tellement marqué par le roman utopique de William Morris *News from Nowhere* (1889–1890) qu'il fonde une communauté, la Rose Valley Community à Moylan, Philadelphie, en 1901. Le progressisme du mouvement a aussi attiré beaucoup de femmes car, défenseurs convaincus de l'égalité des sexes et de l'accès des femmes à l'éducation, ses membres souhaitent leur émancipation. Nombre de ces communautés ont toutefois connu une existence éphémère, à cause des difficultés inhérentes à la conciliation d'un artisanat de haute qualité et d'un prix de vente abordable. Seule la communauté des Roycrofters, fondée par Elbert G. Hubbard en 1893, devient célèbre pour sa réussite commerciale. En 1906, les ateliers des Roycrofters emploient plus de quatre cents artisans et la communauté doit même ouvrir une auberge pour les touristes et les clients potentiels. En Californie, les architectes et designers liés au mouvement s'inspirent aussi de l'héritage hispano-mexicain, de l'art japonais et du style Mission. Charles et Henry Greene ont éloquemment fondu ces styles dans leurs projets de maisons pour de riches clients mais leur travail

diffère sensiblement de l'inspiration de Stickley et Limbert par l'exquis raffinement de ses détails. De même, Frank Lloyd Wright, le plus grand architecte et designer américain héritier des Arts & Crafts, opère la synthèse des
traditions orientale et occidentale. Le style de ses maisons de la Prairie,
longues et basses, allié à sa maîtrise virtuose des matériaux naturels favori-
se l'insertion harmonieuse de ses constructions dans leur environnement
naturel. Le **Design Organique** cher à Wright établit une passerelle entre le
mouvement Arts & Crafts et le **Mouvement Moderne** et exercera une influence considérable sur les designers de la génération suivante, aussi bien en
Amérique qu'en Europe.

AVANT-GARDE

Le design d'avant-garde n'a traditionnellement produit qu'un petit nombre d'objets manufacturés mais son influence sur l'histoire du design est énorme. L'impact de ces créations dépasse en général largement les cercles restreints pour lesquels elles ont été conçues au départ, surtout du fait de la publicité médiatique. Durant presque tout le XXᵉ siècle, l'esprit intransigeant de leur travail a cependant tenu les designers d'avant-garde à l'écart de la production industrielle de masse et il a fallu parfois de nombreuses

Gerrit Rietveld, Chaise *Red/Blue*, 1918–1923 (réalisé par G. van de Groenekan)

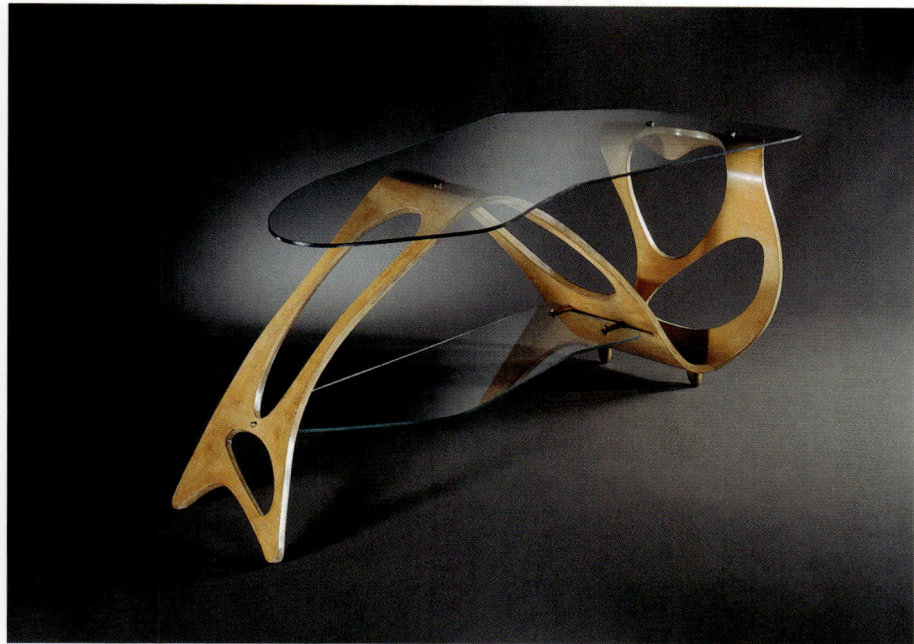

Carlo Mollino,
Table *Arabesque* pour
Apelli & Varesio,
1950

années pour que leurs démarches et leurs propositions soient admises dans un large public. Les meubles précurseurs de Marcel Breuer en **métal tubulaire**, de la fin des années 1920 et du début des années 1930, par exemple, étaient loin de faire l'unanimité en leur temps comme dans les années 1960 et 1970. L'avant-garde guide nécessairement la mode et c'est dans son sillage que naissent styles et tendances. Le style du **Design Organique** d'après-guerre a ainsi influencé le **Biomorphisme** des années 1950. Le travail de l'avant-garde se voit souvent qualifié de « nouveau ». **Art Nouveau**, nouvelle vague, la nouveauté désigne une démarche résolument tournée vers l'avenir et il faut bien reconnaître que la plupart des innovations pratiques et théoriques du design du XXᵉ siècle sont le résultat direct du talent et de la perspicacité des avant-gardes.

BAKELITE

BAKÉLITE

Isamu Noguchi,
Radio Nurse
interphone de
surveillance à boîtier
en bakélite pour
la Zenith Radio
Corporation, 1937

Leo Baekeland dans
son laboratoire

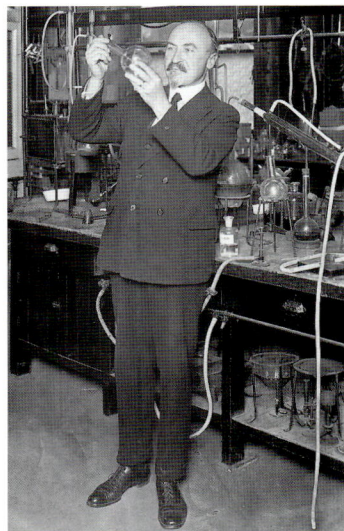

Le chimiste et entrepreneur d'origine belge Leo Baekeland émigre aux Etats-Unis en 1889. Sa première invention est le Velox, un papier photo qui peut être
développé à la lumière artificielle, ce qui en fait un
procédé beaucoup plus pratique pour les photo-
graphes. Les droits du Velox sont acquis pour un mil-
lion de dollars, une somme astronomique à l'époque,
par George Eastman qui rebaptise sa société Eastman Kodak en 1902.
Baekeland, désormais très riche installe sa famille dans le somptueux
domaine de Snug Rock près de Yonkers où il transforme un hangar en laboratoire. A l'époque, la gomme laque, (résine plastique naturelle produite par la sécrétion de l'insecte *Laccifer Lacca*, dans le sous-continent
indien et en Asie du Sud-Est) utilisée notamment comme isolant électrique, atteint des prix faramineux du fait d'un accroissement incessant
de la demande. Ce phénomène pousse Baekeland et d'autres chimistes à
chercher une résine de synthèse. Trente ans plus tôt, en 1872, le chimiste
allemand Adolf von Baeyer avait réussi à produire une
résine de synthèse semblable à de la corne en mettant en présence acide phénolique et formol. Baekeland s'efforce quant à lui de développer un isolant de
synthèse plus sophistiqué, qui puisse être dissous par
des solvants pour produire un vernis mais qu'on puisse aussi façonner comme du caoutchouc. Il commence ses expérimentations en 1904 et met au point une
résine synthétique obtenue par condensation d'un
phénol avec un aldéhyde de formol, qu'il nomme bakélite. Cet ancêtre des plastiques modernes thermodurcis est fabriqué dans un récipient métallique, le
« Bakelizer », qui permet de contrôler adéquatement la
réaction phénol-formol. Baekeland fait breveter ce remarquable matériau et commercialise son invention,
la première résine plastique entièrement synthétique,
en 1909. Dure, ininflammable et résistante à la corrosion, la bakélite devient rapidement un matériau

Raymond Loewy,
Appareil photo
Purma Special pour
R. F. Hunter Ltd.,
1937 – avec boîtier
en Bakélite

« aux mille usages ». On le moule pour en tirer des boîtiers téléphoniques ou d'appareils photo, des corps de stylos ou de boutons, des cendriers, des saladiers, etc. Excellent isolant électrique, la bakélite est notamment utilisée pour la fabrication d'appareils électriques, radios et ventilateurs notamment. C'est l'avènement de la bakélite qui a rendu possible la production en grande série de toute une série de produits de consommation. Grâce à sa ductilité, elle a aussi contribué à changer l'esthétique de nombreux produits industriels. Les formes sculpturales et profilées de nombreux appareils électroménagers des années 1930 auraient été inconcevables sans l'invention de la bakélite. Les résines phénoplastes, dont la bakélite, sont encore utilisées aujourd'hui comme additifs chimiques entrant dans la composition de colles et de peintures industrielles. La bakélite joue un rôle important dans la fabrication de certains composants chimiques, mécaniques, et isolants électriques, ainsi que dans le scellage de récipients. Non seulement le matériau révolutionnaire de Leo Baekeland inaugure « l'Age du Plastique » mais il annonce la prééminence totale des **plastiques** qui deviennent les matériaux par excellence du XXᵉ siècle.

BAUHAUS

1919–1933
WEIMAR, DESSAU & BERLIN, ALLEMAGNE

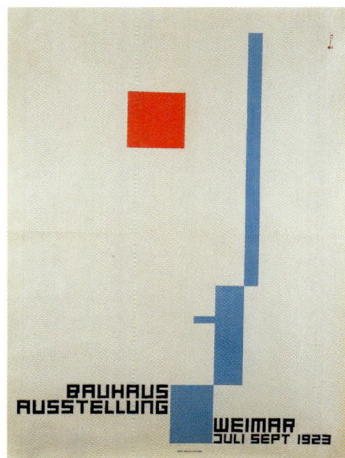

Fritz Schleifer,
Affiche pour l'expo-
sition du Bauhaus,
Weimar, 1923

Bien que la candidature de Walter Gropius ait été pro-
posée pour la direction de l'Ecole des Arts Appliqués de
Weimar, fondée par Henry van de Velde en 1908, celle-ci
ferme en 1915 avant qu'il ait pu occuper son poste. Gropius a cependant maintenu ses contacts avec l'autre
école d'art de Weimar, l'Ecole des Beaux-Arts. Mobilisé
pendant la Première Guerre mondiale, Gropius se con-
vertit à l'anti-capitalisme : ses sympathies le rapprochent
désormais plus des idéaux artisanaux des ateliers Hel-
gar que du **Deutscher Werkbund** (Union allemande
pour l'œuvre) qui défend une production industrielle standardisée. Au front,
Gropius formule ses « propositions pour l'établissement d'une institution
éducative qui fournirait des conseils artistiques à l'industrie, au commerce
et à l'artisanat ». En janvier 1916, ses recommandations pour la fusion de
l'Ecole des Arts Appliqués et de l'Ecole des Beaux-Arts en une seule école in-
terdisciplinaire d'arts appliqués et décoratifs sont transmises au gouvernement de la Saxe. En avril 1919, Gropius est officiellement nommé directeur
du nouveau Staatliches Bauhaus à Weimar. Le Manifeste du Bauhaus paraît
la même année. Les membres du Bauhaus veulent réformer la pédagogie
des arts afin d'unifier ceux-ci. Pour Gropius, la construction ou l'acte de faire est une expérience sociale, symbolique et intellectuelle importante et cette idée gouverne tout l'enseignement du Bauhaus. Le cursus comprend une
année de cours préparatoire où l'on enseigne aux étudiants les principes de
base de la théorie du dessin et de la couleur. Après cette année de formation, les étudiants entrent dans les différents ateliers situés dans les deux
bâtiments et apprennent au moins un art manuel. Ces ateliers sont censés
s'autofinancer, grâce à des commandes privées. Les professeurs portent le
titre de « maîtres » et certains d'entre eux, sont membres des guildes locales; les étudiants, quant à eux, sont des « apprentis ». Dès la première
année du Bauhaus, Gropius engage trois artistes : Johannes Itten qui est responsable du cours préparatoire, Lyonel Feininger et Gerhard Marcks. Ces professeurs seront rejoints par d'autres expressionnistes : Georg Muche fin 1919,
Paul Klee et Oskar Schlemmer en 1921, puis Vassili Kandinsky en 1922. Durant
les premières années du Bauhaus, c'est le charismatique Itten qui joue le

Gyula Pap,
Chandelier fabriqué
dans l'atelier de
métal de Weimar,
1922—1923

rôle prépondérant. Les cours d'Itten qui commençent souvent par des exercices respiratoires et gymnastiques sont basés sur « l'intuition et la méthode » ou « l'expérience subjective et la reconnaissance objective ». Il pense que l'étude des matériaux doit révéler leurs qualités intrinsèques et il encourage ses étudiants à improviser des constructions originales à partir d'objets trouvés. Itten enseigne aussi les théories de la forme, de la couleur et du contraste ainsi que l'évaluation de l'histoire de l'art. D'accord sur ce point avec Gropius, Itten estime que la composition spatiale est soumise aux lois de la nature exactement comme la composition musicale et il apprend aux étudiants l'importance des formes géométriques élémentaires, comme le cercle, le carré et le cône. Comme Kandinsky, Itten a tenté de réintroduire le spirituel dans l'art. Itten et Muche, adeptes du culte mazdéen, ont essayé d'en introduire les préceptes dans le Bauhaus. Les étudiants doivent se raser la tête, porter des vêtements amples semblables à des robes de moines, suivre un régime végétarien, manger de grandes quantités d'ail purificateur, jeûner régulièrement, pratiquer l'acupuncture et prendre des bains chauds. Mais cette aventure mazdéenne, avec ses rituels et ses méditations, finit par saper l'autorité de Gropius et par dresser les étudiants contre lui. Finalement un conflit se déclare entre Gropius et Itten et celui-ci doit démissionner en mars 1923, marquant la fin de la période expressionniste du Bauhaus. Josef Albers et László Moholy-Nagy sont engagés pour succéder à Itten et, tout en adhérant aux principes fondamentaux de son cours préparatoire, ils rejettent ses thèses sur le développement individuel créatif et imposent une démarche plus industrielle, qui se traduit notamment par des visites d'usine avec les étudiants. Etant donné les méthodes pédagogiques insolites d'Itten et les options socialistes implicites de l'école, il n'est guère surprenant que celle-ci, institution d'Etat, ait suscité de vigoureuses oppositions politiques à Weimar. Les autorités locales, sous la pression des guildes locales inquiètes de voir des commandes confiées à des étudiants du Bauhaus au détriment de leurs membres, demandent que

Lena Bergner, Projet de tapis pour une chambre, 1928

→**Joost Schmidt,** Affiche pour l'exposition du Bauhaus de Weimar, 1923

STAATLICHES BAUHAUS
AUSSTELLUNG
JULI
SEPT
WEIMAR
1923

soit organisée une exposition afin de justifier le maintien des subventions
de l'Etat. L'exposition qui a lieu en 1923 ne montre pas seulement des œuvres
du Bauhaus mais aussi des projets du mouvement **De Stijl** comme la chaise
Red/Blue de Gerrit Rietveld (1918–1923). L'influence de De Stijl sur le Bauhaus ne saurait être sous-estimée compte tenu de l'enseignement dispensé
par Theo van Doesburg au Bauhaus. Autre évolution révélée par l'exposition
de 1923 : le Bauhaus s'est forgé une nouvelle image. Le graphisme de cette
période est délibérément moderne et recourt à la « Nouvelle Typographie »,
incontestablement inspirée par De Stijl et le **Constructivisme** russe. Bien
que saluée par la critique internationale, particulièrement aux Etats-Unis,
cette exposition importante n'apaise pas les peurs locales. En 1924, les
partis de droite se retrouvent majoritaires après les élections du troisième
Landtag de Thüringe : la fin du Bauhaus de Weimar est en vue. En 1925,
Gropius est contraint de fermer le Bauhaus, considéré comme un foyer de
communisme et de subversion, pour l'installer ailleurs. L'école rouvre à Dessau, une ville administrée par les sociaux-démocrates, dont le maire libéral
est politiquement beaucoup plus favorable à sa survie et à sa réussite. Cette

cité industrielle qui bénéficie des prêts de secours débloqués par le plan Dawes offre au Bauhaus le soutien financier dont il a tellement besoin. Cette aide est accordée à condition que l'école s'autofinance partiellement grâce à la production et à la diffusion de ses projets. L'importance de la subvention accordée permet de construire de nouveaux bâtiments pour l'école, si bien qu'en 1926 le Bauhaus s'installe dans les locaux conçus par Walter Gropius. Dans les bois voisins, une série de maisons aux lignes rigoureusement géométriques ont été construites pour les maîtres; elles serviront de modèles pour le mode de vie futur. Les bâtiments de l'école eux-mêmes, avec leur structure extrêmement rationnelle, symbolisent un virage décisif pour le Bauhaus. Celui-ci s'éloigne de l'artisanat pour se tourner vers un **Fonctionnalisme** industriel. Les maîtres sont désormais des professeurs sans lien avec les guildes. L'école assure désormais elle-même la délivrance de ses diplômes. Gropius a perdu ses illusions sur le socialisme et considère que la forme d'organisation industrielle élaborée par Henry Ford peut être bénéfique pour les travailleurs. Il croit aussi que pour survivre, le Bauhaus doit adopter une conception industrielle du design. Avec la conviction que l'application du fonctionnalisme pourra créer un type de société meilleur, les projets du Bauhaus adoptent délibérément une esthétique mécaniste et se tournent vers

Marcel Breuer,
Fauteuil *Lattenstuhl*
fabriqué dans
l'atelier de mobilier,
Weimar, 1922–1924

Marcel Breuer,
Fauteuil *Wassily*,
modèle n° *B3*,
Bauhaus de
Dessau, 1925–1927

l'industrie. En décembre 1925, avec le soutien financier d'Adolf Sommerfeld, Gropius réalise son ancienne ambition de fonder une entreprise ayant pour vocation de promouvoir et de vendre les produits fabriqués par l'école. La SARL Bauhaus édite même un catalogue, mis en page par Herbert Bayer, qui présente ses produits. La vente de ces objets ne dégage toutefois pas des rentrées très importantes, loin de là. Cet insuccès relatif est sans aucun doute lié à l'esthétique austère des produits du Bauhaus, mais il révèle un autre problème: bien que fabriqués mécaniquement, la plupart de ces produits restent inadaptés à une production industrielle. Quelques accords de sous-traitance sont passés entre l'école et des entreprises extérieures mais les bénéfices escomptés par Gropius ne sont pas au rendez-vous. En 1928, celui-ci souhaite passer la main afin de pouvoir mieux se consacrer à ses projets d'architecte et il demande à Mies van der Rohe de le remplacer à la direction du Bauhaus. Après le refus de celui-ci, c'est finalement le Suisse Hannes Meyer engagé comme professeur d'architecture à l'ouverture de l'école en 1927, qui accepte de diriger l'école qui se nomme désormais « Hochschule für Gestaltung» (Ecole Supérieure de Design). Meyer, qui est communiste, occupe le poste de directeur jusqu'en juillet 1930. Il pense que la forme doit être subordonnée à la fonction et au prix de revient afin que les produits soient à la fois pratiques et abordables pour les consommateurs des classes laborieuses. Il tente d'introduire des cours d'économie, de psychologie, de sociologie, de biologie et de marxisme dans le cursus. Il ferme l'atelier de théâtre et réorganise les autres ateliers pour essayer de débarrasser l'école des « prétentions artistiques » qui lui ont coûté si cher les années précédentes. Sous la tutelle de Meyer, l'approche du design au Bauhaus devient plus scientifique et l'héritage initial du constructivisme est réduit à la portion congrue. Le Bauhaus se politise de plus en plus et l'école devient un foyer de militantisme actif pour un groupe d'étudiants marxistes. En 1930, la cellule communiste de l'école compte trente-six étudiants et la réputation du Bauhaus commence à pâtir de cette politisation. A l'instigation de Kandinsky et de Gropius, les autorités municipales de Dessau renvoient Meyer, quand on découvre qu'il a versé des fonds à des mineurs en grève. Pressé de toutes parts de dépolitiser le Bauhaus pour le sauver, Mies van der Rohe accepte d'en assumer la direction. Il ferme aussitôt l'école et réforme ses statuts avant de la rouvrir et de contraindre les 170 étudiants à se réinscrire individuellement. Cinq étudiants proches de Meyer sont exclus.

Karl Hermann Haupt, Projet de boîte à couvercle, 1923

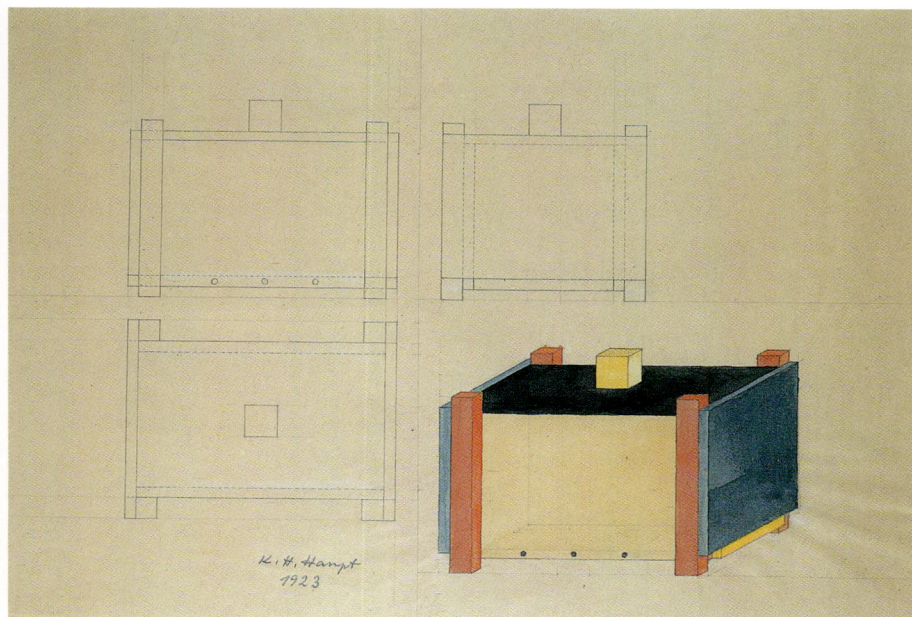

Livres d'échantillons
de papiers peints du
Bauhaus, 1930

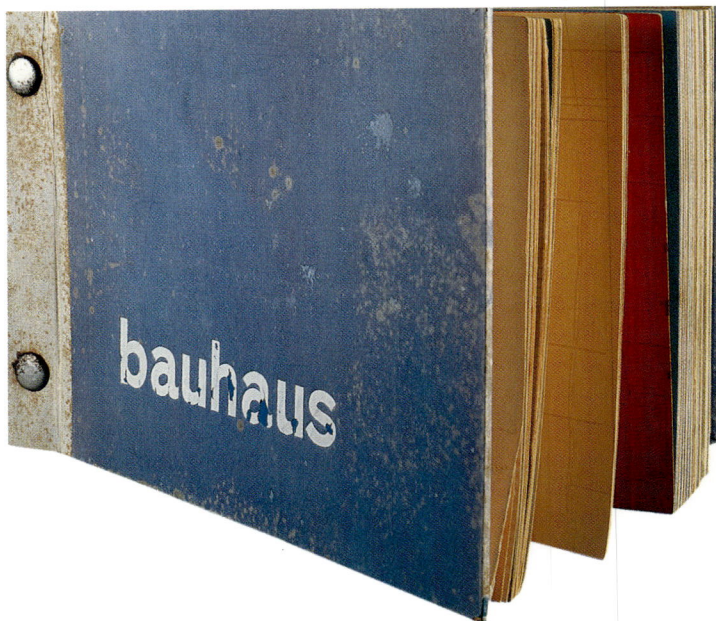

Dans le nouveau cursus, le cours préparatoire n'est plus obligatoire. L'étude de l'architecture prend une importance croissante, ce qui a pour effet de transformer le Bauhaus en école d'architecture. Bien que les ateliers d'arts appliqués continuent à fonctionner, il leur est fait obligation de ne réaliser que des produits qui puissent être fabriqués en série. Avec Mies, la théorie architecturale l'emporte quelque temps sur la politique. Il expose avec son associée Lilly Reich le nouveau programme apolitique : « Bau und Ausbau » (Construction et développement). En octobre 1931, les nazis qui avaient réclamé la fermeture du Bauhaus, obtiennent la majorité des sièges (19 sur 36) à la municipalité de Dessau et le 22 août 1932, une motion ordonnant la fermeture de l'école est votée. Transféré par Mies van der Rohe à Berlin, le Bauhaus y devient une école privée. Mais son passé politique le rattrape quand les nazis prennent le pouvoir dans la capitale. La Gestapo perquisitionne les locaux de l'école, en quête de littérature communiste compromettante, et appose les scellés sur les portes, ce qui revient à la fermer. Le 19 juillet 1933, les maîtres se rassemblent et votent la dissolution du Bauhaus, marquant la fin officielle de cette remarquable aventure. Beaucoup d'entre eux, dont Mies van der Rohe, Marcel Breuer, Walter Gropius et Josef

Albers émigrent alors aux Etats-Unis pour fuir les persécutions et en 1937, László Moholy-Nagy devient le directeur du nouveau Bauhaus de Chicago, à l'existence éphémère. Un an plus tard, une rétrospective des créations du Bauhaus est organisée au Museum of Modern Art de New York et la réputation de l'école, considérée comme la plus grande institution de design du XXᵉ siècle, croît encore. La démarche fonctionnaliste initiée par le Bauhaus a eu un impact fondamental sur la pratique du design industriel du siècle et posé les fondements philosophiques dont est issu le **Mouvement Moderne**. L'expérience du Bauhaus a aussi eu un impact profond et global sur la pédagogie du design et notamment à la **Hochschule für Gestaltung d'Ulm**.

Wilhelm Wagenfeld,
Service à thé pour
Jenaer Glaswerke
Schott & Gen., 1931

BENT WOOD

LE BOIS COURBÉ

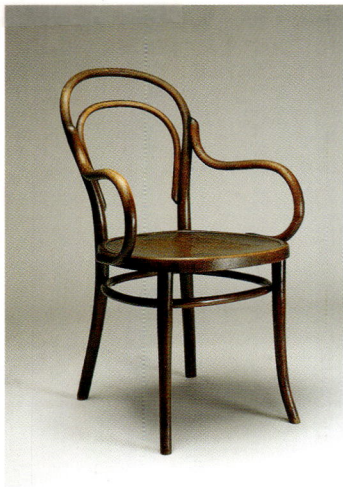

Michael Thonet, Fauteuil *Model n° 14* pour Gebrüder Thonet, 1859

Adolf Loos, Chaise pour le Cafe Museum de Jakob & Josef Kohn, c. 1898

Courber du bois massif pour l'utiliser dans diverses applications a une longue histoire. En 2800 av. J.-C., le mobilier égyptien, et plus tard, dans la Grèce ancienne, les chaises « klismos » étaient vraisemblablement déjà fabriquées selon cette technique. Mais ce n'est qu'au XVIIIe siècle que la pratique s'est répandue. Constructeurs navals, tonneliers et charrons utilisaient tous du bois courbé. Ces derniers s'en servaient pour fabriquer tant les roues que le corps des charrettes pour lequel ils formaient les planches de bois en les plongeant dans du sable brûlant. En Angleterre, le bois courbé servait à réaliser le dossier en arceau et les accoudoirs des fauteuils Windsor, tandis qu'aux Etats-Unis, le fabricant de meubles Samuel Gragg portait cet art à des sommets de sophistication avec ces chaises « élastiques ». On doit cependant les plus grandes avancées dans la production de mobilier en bois courbé au designer et chef d'entreprise Michael Thonet, originaire de Prusse rhénane. Vers 1850, les premières expériences de Thonet de courbage de contre-plaqué au moyen de la vapeur avaient ouvert la voie à des créations en bois massif. Les planches de hêtre arrivaient en un flot ininterrompu à l'usine des frères Thonet à Korycany, en Moravie, où elles étaient coupées en baguettes, tournées et placées dans une étuve à 100 °C pendant 6 à 24 heures. Exposées à la chaleur et à l'humidité, l'huile essentielle et la résine du bois se dissolvaient partiellement, ce qui en assouplissait les fibres. Dès leur sortie de l'étuve, les baguettes étaient courbées, serrées dans des moules en fonte et placées dans des séchoirs. Outre les possibilités esthétiques particulières qu'il offrait, le bois courbé a fait réaliser à Thonet des économies substantielles par rapport au bois coupé, sculpté et assemblé, tant en matériaux qu'en main-d'œuvre : la fabrication était mécanisée et les ajouts et ornements limités. C'est ainsi qu'en 1860, Thonet a été en mesure de vendre sa très populaire

GEBRÜDER THONET.

Schaukelfauteuils.

Sitzhöhe: gemessen bei horizontaler Lage des Sitzes.
Lehnhöhe: gemessen vom Sitz ab.

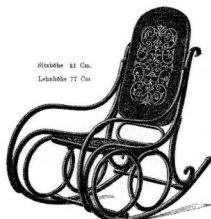

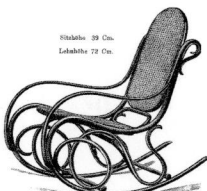

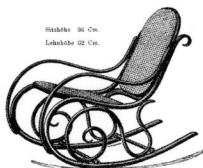

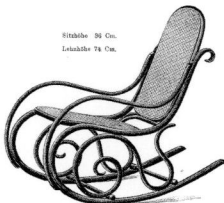

chaise de bistrot n° 14 moins cher qu'une bouteille de vin. Le succès des frères Thonet a inspiré des cohortes d'imitateurs, notamment les Viennois Jacob & Josef Kohn. Leur équipe de designers talentueux, parmi lesquels Gustav Siegel, Koloman Moser et Otto Wagner, ont pleinement exploité les possibilités du bois courbé dans le mobilier et les intérieurs **Art nouveau** et de la **Sécession**. A partir de ce moment-là, cependant, les chemins du bois courbé et l'**avant-garde** se sont progressivement séparés. L'acier tubulaire a accaparé l'imagination des modernistes, et lorsque le bois a connu une renaissance dans les années 1930 et 1940, cela s'est fait sous la forme de **contre-plaqué** et de stratifié. Néanmoins, la fabrication mécanisée, les formes épurées et les éléments interchangeables de Thonet avaient tracé la voie.

BIOMORPHISM

BIOMORPHISME

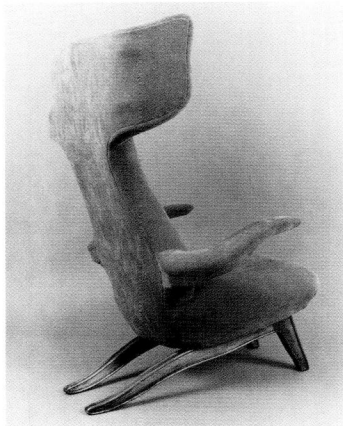

Carlo Graffi &
Franco Campo,
Fauteuil, vers 1955

A la différence du **Design Organique** qui s'inspire de la nature mais en s'efforçant de restituer son essence abstraite, le Biomorphisme copie et souvent altère les formes qu'il trouve dans le monde naturel à des fins purement décoratives. Le Biomorphisme est non seulement caractéristique de certains styles du XXe siècle, mais on le trouve aussi dans un certain nombre d'époques antérieures, comme le Baroque et le Rococo.

Durant le dernier quart du XIXe siècle, tirant parti des progrès significatifs des sciences naturelles, des dessinateurs comme William Morris et Christopher Dresser puisent leur répertoire de formes dans la nature. Au tournant du siècle, l'intérêt général pour la botanique s'exprime à travers les formes biomorphiques adoptées par les tenants de l'**Art Nouveau**. Une fois le style Art Nouveau supplanté par le style **Art Déco** et par le Modernisme, le Biomorphisme ne réapparaîtra plus dans le design jusqu'aux années 1940. A cette époque, le mobilier extrêmement biomorphique du designer italien Carlo Mollino et de ses disciples, parfois appelé style baroque turinois, pousse à ses limites le potentiel expressif du bois. En revanche, les designers de l'**avant-garde** américaine, comme Charles et Ray Eames développent un vocabulaire du design intrinsèquement organique. Les formes de leurs produits comme la chaise *LCW* de 1945 sont le fruit d'une solide réflexion, notamment **ergonomique**, sur leur utilisation humaine. Ce type de conceptions a exercé une influence considérable et un grand nombre de designers ont par la suite adopté des formes biomorphiques (voir la forme du haricot asymétrique). Ce sont d'ailleurs ces formes biomorphiques fréquemment **Kitsch** qui sont le plus souvent associées avec le style des années 1950. Dans les années 1990, le design organique réapparaît et avec lui une tendance biomorphique. Cette résurgence est particulièrement manifeste dans le design automobile, où des formes organiques avancées se mêlent à des répétitions formelles du Biomorphisme des années 1950.

BORAX

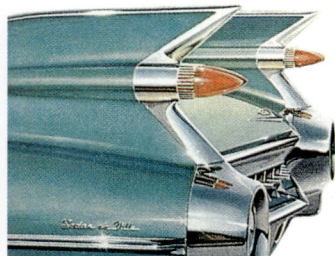

Ailerons arrière
d'une Cadillac de
1959

Borax est un terme péjoratif qui renvoie à l'habitude de designers américains des années 1930, 1940 et 1950 de multiplier les détails de surface sur leurs produits pour augmenter leur séduction sans rien ajouter à leur fonctionnalité. Le terme est emprunté au célèbre savonnier Borax et à sa stratégie de distribution gratuite d'échantillons destinés à appâter le consommateur. L'esthétique « Borax » dérive aussi de l'outrance expressive et de l'ostentation du stylisme **Art Deco** et du **style streamline** des années 1930. Multipliant les **chromes** rutilants, aux antipodes du **Bon Design**, le style Borax a connu son heure de gloire. En 1948, il est pris à partie par Edgar Kaufmann dans une article de l'*Architectural Review* intitulé « Borax ou le cuir plaqué chrome ». Très répandu dans le mobilier bas de gamme et dans les ustensiles domestiques, c'est cependant surtout dans le stylisme automobile que ce style trouve son épanouissement dans les années 1950, notamment dans le développement outrancier des ailerons arrière sur certains modèles de Cadillac comme l'*Eldorado* et la *Fleetwood* (1959), dues à Harley Earl. En Angleterre, le terme Borax fut aussi utilisé, après la dernière guerre, pour caractériser le design de surface extravagant de certains objets fétiches comme les juke-boxes. A la fin des années 1950, la séduction clinquante du Borax connaît une désaffection grandissante de la part des consommateurs anglais et américains, désormais plus connaisseurs en design.

Concept car Pontiac
Firebird, vers 1959

BRANDING

STRATÉGIE DE MARQUE

Figurine publicitaire pour la farine Sunny Jim

Dépliant montrant les cadeaux publicitaires de Cadbury, à échanger contre des coupons Bournville Cocoa, 1935

La stratégie de marque est un processus créateur de sens et de valeur ajoutée. Gage de fiabilité, la marque représente tout d'abord une garantie d'authenticité mais aussi la promesse d'une performance, d'une satisfaction reproductible. Toute marque conjugue donc, dans l'esprit du consommateur, différentes notions. La stratégie de marque, en jouant sur les caractéristiques physiques d'un produit cherche à modifier, à colorer positivement notre perception de ce dernier. C'est pourquoi elle constitue l'une des armes les plus rentables dont disposent les fabricants de produits de grande consommation pour ajouter de la valeur à leurs produits. La stratégie de marque qui ne représente que 20 % du coût d'un produit intervient pour 80 % dans sa valeur ajoutée (valeurs moyennes). Les industriels disposent de différents moyens pour imposer l'identité de leur marque : le choix d'un nom, le **conditionnement**, la publicité et le marketing. Le facteur « personnalité de marque » tend à devenir un de plus en plus important sur le marché, compte tenu de la nécessité pour chaque marque de

Restaurant McDonald's à Des Plaines, Illinois, 1955 – L'arche dorée n'a pas seulement créé une puissante image de marque, mais elle a fini par symboliser le mode de vie de l'Amérique d'après-guerre

se différencier de ses rivales. Les questions de stratégie de marque occupent donc une place croissante dans les réflexions des designers industriels, qu'ils travaillent dans le cadre d'une identité prédéfinie ou doivent intégrer dans leur projets noms de marques ou logotypes. Le succès d'IBM, General Electric et Ford illustre l'importance de la relation entre **identité visuelle** et stratégie de marque. Ces sociétés comptent parmi les cinq premières entreprises mondiales, une position qu'elles doivent pour une grande part aux énormes budgets qu'elles ont consacré aux programmes de design intégrés déterminant leur stratégie de marque. La mise au point d'un style maison pour les produits comme pour le conditionnement est la clef de l'établissement d'une identité de marque, comme en témoigne l'esthétique fonctionnaliste des produits Braun ou le vocabulaire high-tech des chaînes hi-fi Bang & Olufsen qui les rendent instantanément reconnaissables. Les logotypes eux aussi parlent un langage visuel universel : l'arche dorée de McDonald's ou le *Swoosh* de Nike ont un impact identique sur le consommateur allemand ou thaïlandais. On a pu penser, ces dernières années que les produits de marque perdaient des parts de marché au profit de produits anonymes moins chers mais c'est le contraire qui s'est produit : l'identité de marque pèse plus lourd que jamais dans un marché extrêmement compétitif. Il suffit de citer l'exemple frappant de Coca-Cola, la marque la plus puissante du monde selon une enquête menée en 2005, dont la

Symbol of Friendship

valeur est estimée à 67,5 milliards de dollars (Pepsi ne valant que 12,3 milliards de dollars). L'indice de réussite d'une stratégie de marque c'est l'avantage distinctif et durable qu'elle procure par rapport aux produits concurrents. La différenciation entre les produits par la stratégie de marque est particulièrement importante aujourd'hui dans des secteurs où il devient de plus en plus difficile de distinguer les performances ou les avantages d'un produit relativement à un autre. Au-delà du prix, la décision qui conduit un consommateur à acheter un produit est de plus en plus soumise à la perception qu'il a d'une marque.

Mike Burrows,
Bicyclette de
compétition
Mono, 1992

CARBON FIBRE

FIBRE DE CARBONE

La fibre de carbone est un matériau composite avancé dans lequel des fibres de P.A.N., constituant l'élément renforçant, sont enveloppées dans une matrice époxy. Grâce à ses deux caractéristiques remarquables, la résistance et la légèreté, ce matériau très polyvalent est particulièrement adapté à la fabrication de produits performants alliant légèreté et résistance à la traction. C'est la grande élasticité de la fibre de carbone (jusqu'à cinq fois celle de l'acier) qui explique ses performances comme charge de renforcement. Tissées en général assez lâchement, les fibres sont disposées dans la matrice suivant le degré de résistance que requiert le produit : les zones ou le tissage est le plus serré sont les plus solides. La fibre de carbone, matériau assez récent, a connu une application célèbre dans le *Mono* (1992), un vélo de course conçu par Mike Burrows, grâce auquel le cycliste anglais Chris Boardman a remporté une médaille d'or aux Jeux Olympiques de Barcelone en 1992. La fibre de carbone est employée dans les matériels sportifs ultramodernes, clubs de golf, canoës-kayaks, dans l'industrie aérospatiale et les voitures de compétition et, en général, dans tous les domaines où la légèreté constitue un critère essentiel. La fibre de carbone est aussi employée,

Casque de ski
Carbon Racing 2.0
pour Carrera, 1999

à titre expérimental pour fabriquer des meubles, témoin la chaise *Light Light* (1987) d'Alberto Meda avec sa structure interne en nid d'abeille en Nomex et son âme en fibre de carbone. Ce siège est remarquable par sa solidité et sa légèreté puisqu'il ne pèse qu'un kilo. Bien que le coût élevé de la fibre de carbone exclue son emploi pour des produits de grande consommation, on notera qu'une de ses applications récentes les plus réussies concerne un casque de ski fabriqué en série : la plupart des fabricants se sont ralliés à la fibre de carbone pour leurs modèles haut de gamme.

CERAMICS

CÉRAMIQUE

Josiah Wedgwood,
Vase *L'apothéose*
d'Homère, vers 1786

Les objets en céramique proviennent de matériaux in-organiques présents dans la nature comme l'argile et les silices. La céramique englobe une grande variété de produits finis, résultats de divers procédés de fabrication perfectionnés au cours des siècles : la porcelaine de Chine, les briques, les carreaux, les abrasifs industriels, les revêtements réfractaires et même le ciment. La malléabilité de l'argile en fait un matériau idéalement adapté au moulage et donc à la production en série. Façonnée en pots et plats depuis la préhistoire, elle constitue l'un des tout premiers matériaux utilisés par les hommes pour créer des objets quotidiens. Dans la Rome antique, les lampes à huile étaient reproduites au moyen de moules en plâtre décorés – c'est un des premiers exemples de fabrication en série. Ce n'est qu'au milieu de XVIIIe siècle que le potier anglais Josiah Wedgwood entreprend, le premier, de fabriquer des céramiques en série. Sa résistance à la corrosion fait de la céramique un excellent matériau de **conditionnement**, et le XIXe siècle avait imposé cet usage, jusqu'à l'apparition des **plastiques**. Les vingt dernières années ont vu le développement de nouvelles espèces de céramiques industrielles à hautes performances utilisées

Pots à onguents en
céramique, Angle-
terre, XIXe siècle

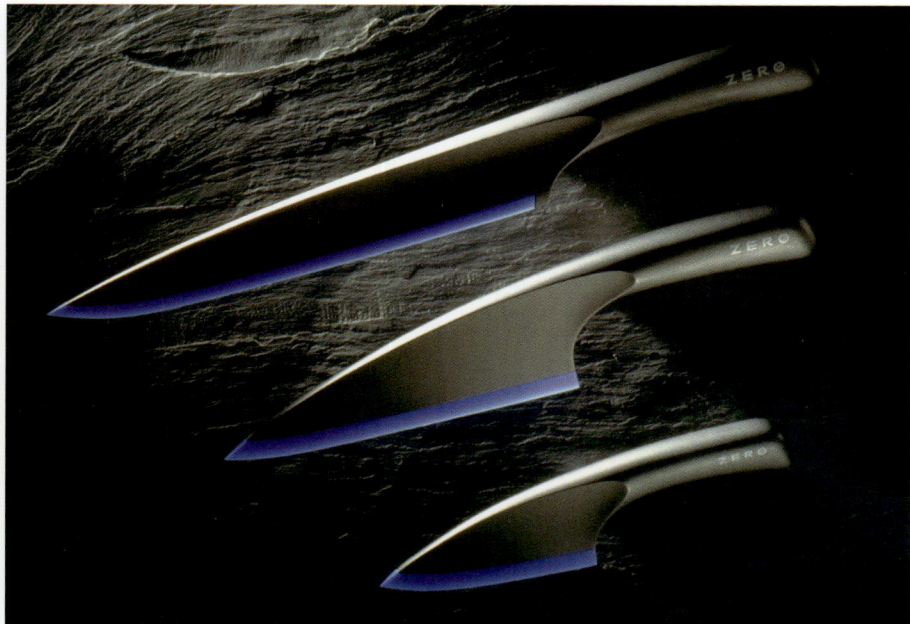

Seymour Powell,
Gamme de couteaux
Zero (étude interne),
1998 – en céramique
et zircone

dans de nombreux domaines (composants mécaniques ou capteurs à oxygène, par ex.). Ces matériaux hautement sophistiqués diffèrent complètement des céramiques traditionnelles en ce qu'elles renferment des poudres
métalliques comme l'aluminium, le titane, l'yttria et le zircone. Ces combi-
naisons leur confère une résistance exceptionnelle à l'usure et à la corrosion, une dureté et une solidité exceptionnelle, ce qui permet aujourd'hui de
fabriquer, entre autres, des lames de couteaux en céramique. Les chercheurs
travaillent actuellement sur d'autres applications avancées : des céramiques
moulables par injection avec un degré de précision jusque là inédit. Dans le
domaine médical, les « bio-céramiques » ont été employées avec succès
dans différents types d'implants, dont les prothèses de la hanche. La bio-
inertie du matériau, sa solidité et sa dureté le rendent particulièrement
propice à ce type d'emplois. Loin d'être révolu, le rôle de la céramique dans
le développement du design industriel est donc, au contraire, promis à un
bel avenir.

CHROMIUM

CHROME

Oldsmobile *88* pour General Motors, vers 1955

Le chrome est un métal dur qui une fois poli devient réfléchissant. Il est souvent utilisé en alliage pour renforcer d'autres métaux, notamment l'acier, et accroître leur résistance à l'oxydation et à la corrosion. Le minerai de chrome, quoique assez abondant à la surface de la terre, se rencontre surtout sous forme de composés, notamment des chromites. Cet élément a été isolé par un chimiste français, Louis-Nicolas Vauquelin. Mais il faut attendre la Première Guerre mondiale pour qu'il soit employé dans le chemisage des obus. L'offre de chrome étant devenue abondante dans les années 1920, il est utilisé comme matériau décoratif pour les accessoires **Art Déco** et comme revêtement anti-corrosion pour le mobilier moderniste en **métal tubulaire**. Dans les années 1930, les designers américains recourent fréquemment au chromage, exploitant la brillance des surfaces chromées pour accentuer la séduction des formes profilées de leurs créations. Mais c'est dans les années 1950 que ce matériau connaît son apogée quand les constructeurs automobiles multiplient les enjoliveurs, symboles de luxe, sur des modèles de plus en plus rutilants et chargés.

George Scharfenberg, Grille-pain *Model T-9* pour Sunbeam, 1937

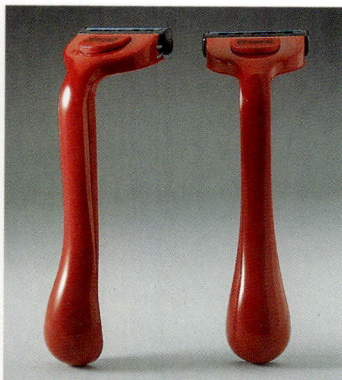

Kenneth Grange,
Rasoir *Protector* pour
Wilkinson Sword,
1992

COLOUR IN DESIGN

LA COULEUR DANS LE DESIGN

La couleur d'un produit est très souvent déterminée
non par le designer mais par son client qui emploie
parfois un consultant indépendant pour prédire les
tendances futures. Ce mode de sélection de la couleur
dicté par la mode donne cependant une fausse idée
de l'importance de la couleur dans le design : cette
dernière peut radicalement modifier la perception
d'un produit et le valoriser spectaculairement (qu'on pense au rouge
des automobiles Ferrari). La couleur peut aussi influer sur la convivialité
d'un objet comme dans le cas des réveil matins Braun dans lesquels la
couleur met en évidence les différentes fonctions. La couleur peut aussi
servir à actualiser un produit afin de donner le temps au fabricant de
développer son successeur. Les nombreuses conventions relatives à
l'usage de la couleur sont battues en brèche depuis quelques années par
des designers inventifs. Jonathan Ive avec l'ordinateur *iMac* (1998) pour
Apple, a ainsi mis fin au règne du gris dans l'informatique grand public,
et Kenneth Grange avec le rasoir *Protector* (1992), a démenti l'axiome qui

Aspirateurs Electrolux
Oxygen d'Electrolux,
gamme de coloris,
1999

excluait le rouge des produits de rasage à cause de l'association avec le sang. Les designers et les fabricants, réfléchissent de plus en plus aux diverses valeurs culturelles des couleurs qu'ils emploient. Le blanc, par exemple, symbole de pureté en Occident est la couleur du deuil en Chine. Les goûts varient aussi selon les cultures : les Européens du Sud préfèrent les voitures blanches ou rouges alors que les Européens du Nord optent plutôt pour la couleur noire ou argent. La couleur constitue donc un aspect primordial du design industriel à cause de son impact considérable, psychologique et même physiologique sur le consommateur. Le choix de la ou des couleurs devrait donc être considéré comme une phase à part entière du processus de design plutôt que comme un après-coup motivé par les caprices de la mode.

COMPASSO D'ORO

COMPAS D'OR
FONDÉ EN 1954
MILAN, ITALIE

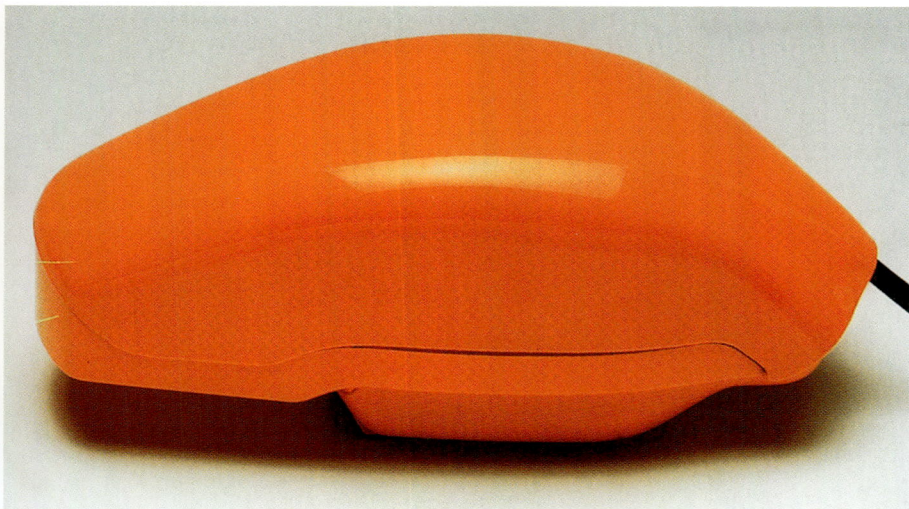

**Marco Zanuso &
Richard Sapper**,
Téléphone *Grillo*
pour Siemens, 1966

Le Compasso d'Oro (compas d'or) a été créé par Aldo Borletti, le proprié-
taire de la chaîne de grands magasins La Rinascente, en 1954. Selon ses
termes, ce prix est destiné à « encourager les industriels et les artisans à
améliorer leurs normes de production, d'un point de vue esthétique et
technologique ». A l'origine, le prix du Compasso d'Oro n'est attribué qu'à
des produits diffusés par La Rinascente. A partir de 1959, l'ADI (Associa-
zione per il Disegno Industriale) participe à l'attribution du prix et, en 1967,
l'assume entièrement. Elle élargit la gamme et les types de produits éligibles
au Compasso d'Oro. Parmi les lauréats les plus éminents, citons Marcello
Nizzoli pour la machine à écrire *Lettera 22* d'Olivetti (1954) et la machine à
coudre *Mirella* de Necchi (1957), Marco Zanuso & Richard Sapper pour la
télévision *Doney 14* de Brionvega (1962) et le téléphone *Grillo* de Siemens
(1966), Achille et Pier Giacomo Castiglioni pour leur aspirateur de marque
R. E. M. (1957) et Mario Bellini pour le tourne-disque radio *Totem* de Brionvega (1979).

COMPUTER-AIDED DESIGN/ -MANUFACTURE (CAD/CAM)

CONCEPTION ASSISTÉE/FABRICATION ASSISTÉE PAR ORDINATEUR (CAO/FAO)

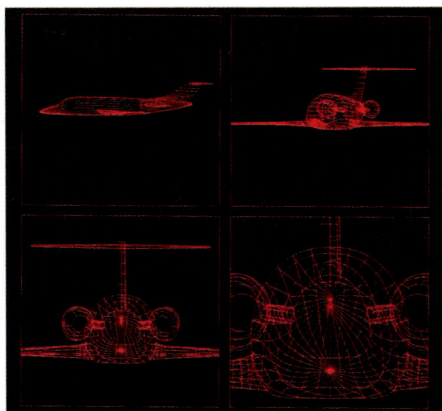

Logiciel de graphisme IBM 5080 avec fonctions panoramiques, zoom et rotation sur modèles en 2 et 3 D, fin des années 1990

C'est au célèbre Massachusetts Institute of Technology que sont nés les systèmes de Conception Assistée par Ordinateur (CAO) dans les années 1950. Mais au début de l'ère des ordinateurs, les logiciels de CAO, assez primitifs, sont rarement utilisés en dehors des industries aérospatiales et automobiles. Plus les matériels gagnent en puissance (processeurs et mémoire) et voient leur prix baisser, plus la CAO s'imposait dans le monde du design. Elle est aujourd'hui un outil puissant et vital grâce auxquels les designers peuvent préparer leurs dessins et les transposer en modèles tridimensionnels (« fil de fer » ou « solide ») sur lesquels différentes manipulations sont possibles : graduation, rotation, zoom sur un détail, représentation en vue panoramique ou en coupe transversale. L'information enregistrée par les programmes de CAO peut être ensuite traduite par des logiciels de FAO (fabrication assistée par ordinateur) en données qui permettent d'ajuster le réglage des machines (notamment les tours et les instruments de coupe) dans le processus de production. Parmi les avantages liés à la CAO-FAO, on retiendra d'abord la précision accrue de l'ingénierie et l'amélioration du rendement. Mais les programmes de CAO-FAO, s'ils assurent une meilleure **standardisation** des composants d'un produit garantissent aussi une flexibilité accrue du processus de fabrication en ce qu'ils autorisent le traitement de petits volumes, voire de lots. La CFAO peut aussi réduire considérablement le laps de temps qui sépare le concept de départ du prototype opérationnel, rentabilisant le processus de design et accélérant la rotation des produits sur le marché. La généralisation de l'informatique est à l'origine d'une révolution dans le design industriel et elle joue un rôle important dans la création de produits plus sûrs et plus performants.

CONSTRUCTIVISM

CONSTRUCTIVISME

Nicolas Souétine,
Ecritoire pour la
faïencerie d'Etat de
Petrograd, 1923

Vassili Kandinsky,
Tasse à café et
soucoupe pour la
faïencerie d'Etat de
Petrograd, 1921

Le terme de constructivisme désigne à l'origine un mouvement d'art, de design et d'architecture russe. Avant la Première
Guerre mondiale, l'**avant-garde** russe, comme ses homologues
d'Europe de l'Ouest s'inspire du Cubisme et du **Futurisme**.
Après la révolution de 1917, toutefois, elle cherche de nouvelles
formes d'expression qui traduisent le désir des soviets de sup-
planter le système capitaliste par des structures plus démocratiques de production et de distribution des marchandises. C'est dans ce but
que des artistes comme Vladimir Tatline, Kasimir Malévitch, Alexandre Rodchenko, Vassili Kandinsky, Naum Gabo, Antoine Pevsner et El Lissitzky commencent à défendre une esthétique et une conception du design adaptées
à la production industrielle. La publication de deux manifestes en 1920, *Le
Programme du groupe des constructivistes* par Alexei Gan, Varvara Stepanova
et Rodtchenko, et *Un Manifeste réaliste* de Pevsner et Gabo, annonce la naissance du constructivisme. Les constructivistes, considérant que les arts appliqués peuvent engendrer un nouvel ordre social, décident donc de créer
un « art de production » et une architecture utilitaire. L'instabilité économique et politique qui suit la révolution limite cependant la réalisation de
projets de grande ampleur, et les constructivistes sont plus ou moins restés

confinés au domaine de
la conception d'exposi-
tions, de la création de
céramiques et de motifs
décoratifs. Les cérami-
ques constructivistes
sont souvent ornées de
motifs suprématistes
qui engendrent une dy-
namique puissante et
moderne.

Raymond Loewy,
Redesign de la
bouteille et des
distributeurs
Coca-Cola, vers 1948

CORPORATE IDENTITY

IDENTITÉ VISUELLE

La définition de leur identité visuelle, étroitement liée au design du **conditionnement**, permet aux entreprises et/ou aux marques d'imprimer à leurs produits et services un style visuellement cohérent qui les distingue de leurs concurrents. Le logotype, essentiel dans cette stratégie, est présent sur tous les supports qui véhiculent cette identité, du papier à lettres aux campagnes publicitaires. Certaines entreprises comme Braun, pour qui le design joue un rôle primordial, adoptent une démarche d'identité visuelle systématique. Leur stratégie rigoureuse se répercute à tous les niveaux de l'entreprise et ne façonne pas seulement la forme de leurs produits, mais aussi l'architecture de leurs bureaux et de leurs usines. Peter Behrens est le premier designer à appliquer un tel programme quand il devient directeur artistique d'AEG en 1907. Le code de design qu'il met au point ne s'applique pas seulement aux produits et au graphisme de la société mais inclut le cadre de travail et les habitations des employés – stratégie globale qui a contribué à forgé l'image très reconnaissable d'AEG. Au cours du XXe siècle les entreprises se sont progressivement ralliées au langage universel de l'identité visuelle pour renforcer leur compétitivité, un phénomène encore accentué par la globalisation actuelle de nombreux marchés.

Peter Behrens,
Logos pour AEG,
1908–1914

Raymond Loewy
Associates, Logos
pour Shell, 1967, et
BP, 1938 ; Landor
Associates, Logos
pour Alitalia, 1969,
et Spar, 1970

←Sélection de logos
d'entreprises conçus
par Raymond Loewy
Associates

CRAFT REVIVAL

RENOUVEAU ARTISANAL

Les origines du renouveau artisanal remontent au milieu du XIXe siècle, époque où des réformateurs des arts décoratifs comme John Ruskin et William Morris militent pour la préservation et la résurrection des artisanats traditionnels dans une Angleterre submergée par la révolution industrielle. Le succès de Morris & Co., qui produit et commercialise des produits de style vernaculaire, inspire la génération suivante des designers ralliés au **Mouvement Arts & Crafts**, comme Charles Voysey, Charles R. Ashbee et A. H. Mackmurdo. Dans les années 1880, certains membres du mouvement fondent des guildes, comme la Art Worker's Guild, la Century Guild et la Guild of Handicraft (Guilde de l'artisanat). Par la suite, des designers affiliés au mouvement établi dans les Cotswolds, comme Ernest Gimson, Sydney, Edouard Barnsley et Gordon Russell plaident pour une forme plus austère d'inspiration vernaculaire basée sur une stricte fonctionnalité. Les designers Arts & Crafts américains comme Gustav Stickley, Elbert H. Hubbard et Frank Lloyd Wright prônent aussi un retour à l'esprit vernaculaire dans les arts décoratifs et l'artisanat traditionnel avec le style Mission. Dans la seconde partie du XXe siècle, avec la transformation des procédés de fabrication industriels, le divorce entre design et production s'accentue de plus en plus et le déclin du savoir-faire artisanal s'accélère. Pour inverser cette tendance, John Makepeace et Wendell Castle, deux des figures actuelles les plus marquantes du renouveau de l'artisanat, préservent les techniques de fabrication artisanales dans leur travail de designers-fabricants et dans les écoles d'ébénisterie qu'ils ont fondées. Dans les années 1980, c'est le **Post-Modernisme** et des designers comme Fred Baier qui incarnent ce renouveau artisanal. La virtuosité technique alliée à la bizarrerie formelle engendrent des objets qui sont l'antithèse du « mobilier du bon citoyen » auquel Ruskin et Morris étaient si attachés.

John Makepeace,
Chaise *Millennium 3,*
1988

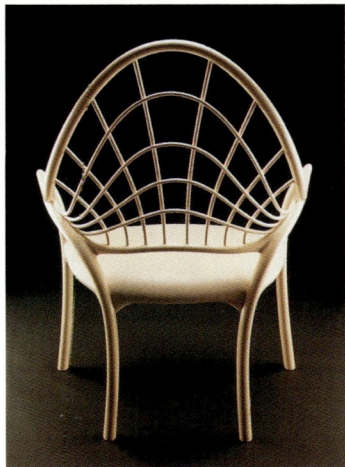

DE STIJL

FONDÉ EN 1917
PAYS-BAS

En octobre 1917, un petit groupe d'architectes, de designers et d'artistes hollandais fondent une revue artistique intitulée *De Stijl*. Présidé par Theo van Doesburg, ce groupe rassemble à l'origine Piet Mondrian, Bart Anthony van der Leck, Vilmos Huszár, Jacobus Johannes Pieter Oud, Robert van't Hoff, Jan Wils et George Vantongerloo. Le magazine devient un forum de débats sur l'art et le design et attire des intellectuels et des artistes de plus en plus nombreux, venus d'horizons variés. Cette mouvance sans véritable structure est portée par un objectif commun, celui de l'abstraction radicale. La revue présente les derniers développements de l'**avant-garde** de l'art et du design hollandais mais aussi les œuvres des constructivistes russes, des dadaïstes et des futuristes italiens. La publication milite pour un art et un design épurés, par l'adoption d'un langage universel d'inspiration cubiste abstraite, ou comme Piet Mondrian l'a qualifié, « néo-plastique ». Les membres de De Stijl croyaient que la quête de l'honnêteté et de la beauté devait, à terme, éduquer l'humanité et lui apporter l'harmonie. Theo van Doesburg, rédacteur en chef du magazine, est l'infatigable prosélyte des théories de De Stijl lors de ses nombreux voyages en Belgique, en France, en Italie et en Allemagne. En 1921, il noue des contacts avec l'équipe du **Bauhaus** de Weimar et, un an plus tard, y donne des conférences sur De Stijl. Theo van Doesburg développe aussi des rapports avec les constructivistes, comme El Lissitzky et László Moholy-Nagy. Non seulement le mouvement De Stijl a eu des répercussions importantes sur les arts plastiques mais ses membres ont aussi créé des meubles, des décorations, des textiles, des graphismes et des bâtiments dont l'influence est considérable dans l'histoire du design. La chaise *Red/Blue* (Rouge/Bleu) de Gerrit Rietveld (1918–1923) qui synthétise dans sa conception la philosophie du mouvement, fut exposée au Bauhaus en 1923 et inspira la chaise *B3 Wassily* de Marcel Breuer en métal tubulaire (1925–1927). Comme la chaise *Red/Blue* (Rouge/Bleu) de Rietveld, l'architecture et la décoration intérieure de De Stijl sont caractéri-

Bart van der Leck, Tapis pour Metz & Co., 1918–1919

sées par des formes géométriques et des éléments-blocs qui délimitent l'espace. Des cloisons divisent les aires intérieures et les meubles utilitaires sont réduits au strict minimum. Des lignes fortes créent une dynamique dans ces intérieurs auxquels la suppression de tout ornement confère une grande légèreté. Cette approche immatérielle du design aura des répercussions importantes sur le **Mouvement Moderne**, comme le recours au formalisme géométrique de De Stijl. Bien que le groupe n'ait jamais été formellement organisé, ses créations, très reconnaissables, sont liées par un langage visuel commun – celui de l'abstraction géométrique. L'application de ce nouveau vocabulaire de formes et de couleurs brouille les distinctions traditionnelles entre beaux-arts et arts décoratifs, mais l'intention du groupe – affirmer le rayonnement universel des arts – reste lettre morte. La vision utopique du mouvement De Stijl était inspirée par la vitalité de la ville moderne, son approche utilitaire du design d'objet est influencée par le puri-

Gerrit Rietveld,
Dessin isométrique de l'intérieur de la maison Rietveld-Schröder à Utrecht, 1927

Gerrit Rietveld, Buffet, 1919 (réalisé par G. van de Groenekan)

tanisme hollandais. Tout en reprenant à son compte nombre d'idées héritées du **Constructivisme** russe, comme le dynamisme spatial, De Stijl est généralement considéré comme le premier mouvement de design moderne parce qu'il s'est fait le champion d'une nouvelle pureté esthétique. La revue *De Stijl* paraît jusqu'à la mort de van Doesburg en 1931, après quoi le mouvement perd peu à peu de son homogénéité et s'avère incapable de retrouver son élan initial.

DECONSTRUCTIVISM

DÉCONSTRUCTIVISME

Daniel Weil,
Bag Radio pour
Parenthesis,
1981–1983

La déconstruction est une méthode d'analyse inspirée des travaux du philosophe français Jacques Derrida qui « invente » ce concept dans les années 1960. Dans ses écrits, celui-ci explique que l'analyse ou la « déconstruction » de la logique de la métaphysique occidentale permet de faire apparaître ses présupposés cachés. La déconstruction a aussi été utilisée pour démontrer qu'un travail de création étant sujet à différentes interprétations, son contenu reste foncièrement ambivalent, ce qui sape sa logique: En soumettant le langage formel du **Mouvement Moderne** à une telle déconstruction, on fait apparaître ses multiples postulations implicites, ce qui conduit à remettre en question ses fondements philosophiques. Durant les années 1970, les idées de Derrida sont traduites et transposées dans un style d'architecture et de design: le Déconstructivisme. Ce courant s'apparente au **Post-Modernisme** en ce qu'il renverse les prémisses traditionnelles du Modernisme. Toutefois, à la différence de celui-ci, il rejette l'historicisme et l'ornementation. De même, le déconstructivisme renvoie souvent à la déconstruction du sens, alors que le Post-Modernisme joue à subvertir le sens et affectionne le second degré. Stylistiquement (mais non philosophiquement) similaire au **Constructivisme** russe des années 1920, le Déconstructivisme affectionne les formes fragmentées et expressives. Ses représentants les plus remarquables dans le design intérieur et l'architecture sont Frank O. Gehry, le groupe Coop Himmelb(l)au, Zaha Hadid et Bernard Tschumi. Le Déconstructivisme, style essentiellement anti-rationnel, est apparenté à l'**Anti-Design** et a eu peu d'impact sur le design de produits, à l'exception de quelques exemples telle la *Radio in a Bag* (1981–1983) de Daniel Weil qui prend le contre-pied des formes traditionnelles et déconstruit la logique conventionnelle du design.

DESIGN FOR CHILDREN

DESIGN POUR ENFANTS

Random Techno-
logies, *Kid's Phone*,
1998 (prototype)

Les produits destinés aux enfants sont soumis à des spécifications très particulières. On distingue deux grandes catégories : les « équipements » et les jouets.
La première catégorie embrasse tous les objets fonctionnels, des biberons aux poussettes. Les modes jouent leur rôle dans le design de ces produits même si c'est d'abord la fonction qui commande. Les landaus qui remontent au XVIIIe siècle et sont restés de rigueur dans la société occidentale jusqu'aux années 1960 ont fini par céder la place aux poussettes, témoin la Maclaren repliable légère, qui, lors de son lancement en 1967, a littéralement révolutionné ce segment du marché. Les produits pour enfants doivent être ergonomiques, faciles à manier, de construction solide, dotés de surfaces lisses pour des raisons d'hygiène et de sécurité et de couleurs vives qui plaisent aux enfants. On trouve toutes ces caractéristiques rassemblées dans le design de la tasse *Anyway*. Autre création qui répondait aux même critères était le *Kid's Phone* produit par Random Technologies. Ce produit d'une conception très simple est doté d'un bouton « maison » palliant l'inconvénient d'un oubli du numéro de téléphone familial. La seconde catégorie, celle des jouets, doit satisfaire aux même contraintes. On notera que les mieux conçus (Lego et Meccano par exemple) sont à la fois ludiques et intellectuellement stimulants. La plupart des jouets actuels témoignent cependant d'une évidente indigence de conception et traduisent, plutôt qu'un réel souci de qualité, la loi des impératifs marketing et des marges bénéficiaires. Parmi les pires exemples de ce type de design consumériste, figurent les jouets gratuits distribués dans les fast-food. Le contenu ludique de ces jouets est souvent aussi vite épuisé que les repas qu'ils accompagnent. Et ils constituent le contre exemple d'une éducation des enfants au Bon Design et à une consommation responsable.

Tasse *Anyway* pour
V&A Marketing,
vers 1999

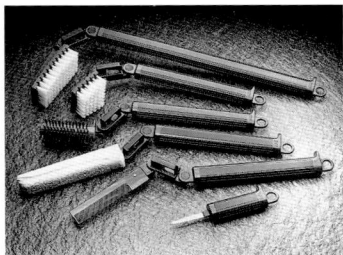

DESIGN FOR DISABILITY

DESIGN POUR HANDICAPÉS

A & E Design, *Handy* poignées extensibles pour Etac, 1977

A & E Design, Fauteuil *Clear* pour douche et toilettes, 1999

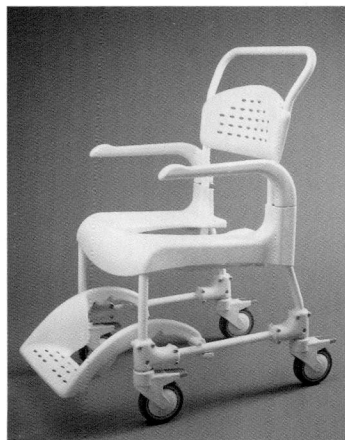

Le design pour handicapés appartient à la catégorie du « design vertueux », mais on pourrait aussi bien le dénommer « design habilitant » puisqu'il vise à améliorer l'autonomie de ses utilisateurs. L'histoire de cette discipline du design remonte à l'invention des chaises à porteurs et voitures pour invalides, aux XVIIIe et XIXe siècles. Il a toutefois fallu attendre les années 1950 pour que d'éminents designers se penchent sur la question du design pour handicapés. L'un des premiers exemples de cette démarche est le crochet d'amputé conçu par Henry Dreyfuss avec le laboratoire de recherches en prothétique de l'armée et la Sierra Engineering Company. Cette prothèse innovante était dotée d'un crochet qui s'ouvrait et se fermait sur une simple contraction des muscles de l'épaule, permettant à l'infirme de manipuler des objets relativement petits, pièces de monnaie et allumettes, par exemple. Jusqu'aux années 1960, les équipements pour handicapés reflètent une démarche exclusivement médicale et leur aspect esthétique est, au mieux, relégué au second plan. C'est cependant au cours de cette décennie qu'un symbole international désignant les handicapés est imaginé et que les espaces publics commencent à être adaptés, voire conçus pour leur offrir une meilleure accessibilité. En 1969, le magazine *Design* consacre un numéro spécial au design pour handicapés et deux ans plus tard sort le très influent ouvrage de Victor Papanek : « *Design for a Real Word* ». Soulignant l'urgence des progrès à réaliser dans ce domaine, Papanek écrivait : « La paralysie cérébrale, la poliomyélite, la myasthénie, le mongolisme et beaucoup d'autres affections invalidantes affectent à l'heure actuelle un dixième des Américains et leurs familles (20 millions de personnes) et 400 millions de gens dans le monde. Pourtant le design des prothèses, fauteuils roulants et autres appareils pour handicapés en est resté pour l'essentiel à l'âge de pierre. » Dans les années 1970, les progrès les plus significatifs en matière de design pour handicapés sont le fait de la Suède et notamment de A & E Design et d'Ergonomi Design Gruppen. Ce dernier est à l'origine de nombreux pro-

duits pour handicapés dont la célèbre ligne de vaisselle de table *Eat and Drink* (1980). La remarquable qualité de ces produits a amené un théoricien britannique à demander dans le catalogue de l'exposition « Svensk Form » (1981) si c'était un handicap de ne pas être handicapé en Suède. Parmi les autres produits inventés dans les années 1980 et 1990 à Londres et destinés à soulager les handicaps graves, on retiendra le *Neater Eater* de London Innovation Limited's qui permet aux personnes atteintes de graves tremblements de se nourrir, et les fauteuils roulants Motivation conçus pour les pays du tiers monde à partir de pièces détachées disponibles sur place. Ces dernières années, l'organisation Design for Ability qui opère à partir du Central St Martins's College of Art & Design a mené des études de marché approfondies sur les besoins des personnes handicapées et communiqué les résultats de ses recherches aux designers. Ces recherches ont permis la création d'objets plus performants et plus beaux comme le déambulateur *Activ* de Tangerine qui n'a qu'un lointain rapport avec son prédécesseur, l'encombrant *Zimmer*. La ligne d'ustensiles de cuisine *Good Grips* avec ses nombreux produits ergonomiques, des pelles et balayettes à poussière aux presse-purée, a été conçue par Sam Faber. Faisant observer que la plupart des ustensiles de cuisine étaient « au mieux indifférents, au pire hostiles » surtout pour les personnes souffrant d'arthrite, Faber et sa femme Betsey ont demandé au cabinet new yorkais Smart Design de concevoir une nouvelle gamme d'ustensiles sans perdre de vue « l'utilisateur final ». Le lancement en 1989 de la collection d'ustensiles domestiques *Good Grips* avec ses poignées en caoutchouc douces et ergonomiques annonce une orientation radicalement nouvelle du design pour handicapés : un design qui englobe tous les membres de la société quel que soit leur âge ou leurs aptitudes physiques.

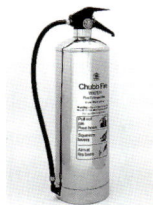

Extincteur Chubb
Model WS9, 1979

DESIGN FOR SAFETY

DESIGN SÉCURITAIRE

Le problème de la sécurité est un phénomène assez récent dans l'histoire du design industriel. Il a rencontré un certain écho dans le public le jour où Ralph Nader (1934), alors jeune avocat et défenseur des consommateurs publie une critique accablante de l'industrie automobile américaine, *Unsafe at any Speed: the Designed-in Dangers of the American Automobile* (1965) (tr. fr.: *Les Voitures qui tuent*) qui s'en prend notamment aux vices de construction de la Chevrolet *Corvair* (1960). Sa tendance à se retourner dans les virages trop serrés fait de cette sportive à moteur central une tueuse potentielle. La direction de General Motors, consciente de ce défaut a cyniquement décidé de faire primer les bénéfices sur la sécurité et de poursuivre la production. On estime que la firme consacre à l'époque environ 700 dollars au **stylisme** de chaque voiture contre seulement 23 cents aux équipements de sécurité. Nader en gagnant le procès intenté au géant de l'automobile annonce une nouvelle ère: celle de la responsabilité pénale des industriels. Il déclenche aussi une prise de conscience collective des problèmes de sécurité dans la conception et la fabrication des produits. Le de-

↘Highmask Manufacturing & Co.,
Gilet pare-balles,
2000, sélectionné
comme produit du
Millénaire par le
Design Council

Protector Technology, respirateur
Tornado, 2000

Mannequins Volvo
pour essais de
collision

sign sécuritaire renvoie à deux démarches distinctes : la mise au point de produits plus sûrs, d'une part et, d'autre part, la conception d'équipements de
sécurité, extincteurs, ceintures de sécurité, coussins gonflables, détecteurs de
fumée, masques à oxygène, etc. Certaines compagnies automobiles comme
Volvo ont bâti leur notoriété sur une tradition d'innovation systématique en matière de sécurité, les autres constructeurs se contentant, la plupart du temps,
de se soumettre aux prescriptions réglementaires. Grâce au durcissement des
normes de sécurité, la sûreté des produits de grande consommation a considérablement progressé. Les normes les plus générales sont établies par des asso-
ciations spécialisées travaillant en étroite liaison avec les constructeurs et les
producteurs. Ces principes généraux sont ensuite soumis à l'appréciation d'in-
stances régulatrices, et, en dernière instance, du législateur, qui peuvent décider
de leur donner une valeur contraignante (en optant par exemple pour la prohi-
bition de matériaux inflammables). Dans le domaine de l'industrie du jouet, les
produits conformes aux directives européennes sont estampillées CE, label qui
permet leur exportation dans les autres pays de la Communauté européenne.
Malgré les progrès constants des législations sécuritaires, on constate encore
de nombreux accidents dus à des défauts de conception des produits.

Sycamore Orig:n., Chaussure de foot-ball *SpinGrip Outsole* pour Umbro, v. 1999 (sélectionnée comme produit du Millénaire par le Design Council)

DESIGN FOR SPORT

DESIGN SPORTIF

Le design sportif est un des domaines les plus intéressants du design, en ce qu'il cherche à améliorer sans cesse les performances des matériaux et des technologies. Dans le sport de compétition, la pertinence du design fait souvent la différence entre la victoire et la défaite mais elle peut aussi redéfinir les paramètres de la discipline elle-même. Ces dernières années, par exemple, les skis *Beta Race* de la marque Atomic, dont la forme parabolique et la construction très novatrice en titane Beta permettent des virages plus précis et plus agressifs ont dominé la Coupe du monde de ski au point d'influer sur le tracé des épreuves elles-mêmes. Dans la mesure où les équipements sportifs dépendent pour une grande part de la recherche et du développement, de nombreuses sociétés possèdent leur propre équipe de design intégré et ne font que rarement appel à des designers indépendants pour créer de nouveaux produits. Les logiciels de **Conception Assistée par Ordinateur** (CAO) jouent aujourd'hui un rôle crucial dans la création des articles sportifs. Ils intègrent désormais les données **ergonomiques** les plus récentes. Méticuleusement testés sur le terrain par les athlètes que sponsorisent les marques, les produits issus de ces recherches voient leurs caractéristiques corrigées en fonction de ces tests. L'expérience acquise dans cette période exploratoire permet de définir plus rigoureusement les spécifications des produits destinés au grand public. Les articles de sport les plus performants, qu'ils soient destinés à la compétition ou au sport amateur présentent un point commun avec les appareils pour handicapés, c'est leur finesse de réaction aux moindres mouvements de l'utilisateur. Le design sportif évolue en général lentement sauf dans quelques cas particuliers où l'on observe des mutations brutales. C'est par exemple le cas du *Windcheetah*, le tricycle à traction humaine couché (1992) de Mike Burrows ou encore du *Sea-Doo*, le hors-bord lancé par Bombardier en 1968. La fabrication et la distri-

Clubs de golf *Big Bertha* en métal pour Callaway Golf, 1991

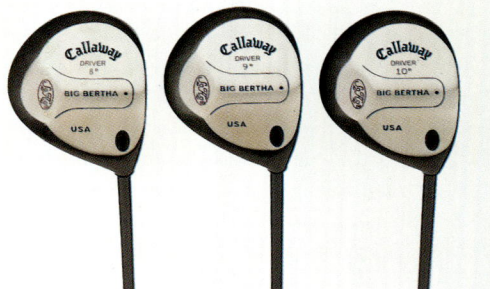

bution des articles de sport est aujourd'hui un énorme marché qui reste néanmoins soumis aux caprices de la mode. Les performances d'un produit présenté comme novateur sont parfois à peine meilleures que celles de son prédécesseur et le bénéfice pour l'utilisateur est donc minime. Il est dans la nature humaine, cependant de croire qu'un produit nouveau – qu'il s'agisse d'un club de golf ou d'une paire de chaussures de football – va spectaculairement améliorer la qualité de jeu et les performances de ses utilisateurs et il y a même peut-être un « effet placebo » dans certains cas. Le design sportif recourt fréquemment à des matériaux de pointe légers et robustes, comme en témoignent les applications récentes de la **fibre de carbone** dans la fabrication des casques de ski. Ces dernières années, le design des articles et des vêtements sportifs a exercé une énorme influence sur l'industrie de la mode.

←**Continuum**
(Milan), Skis Atomic
Beta Race, 1997

↙**Giugiaro Design**,
Patin à roulettes
alignées pour
Tecnica, 1999

↘Chronomètre
sportif *Bug* pour
Animal, 1999

Motivation,
Fauteuil roulant
Mekong, 1993

DESIGN FOR THE THIRD WORLD

DESIGN POUR LE TIERS-MONDE

Le concept de design pour le tiers-monde renvoie à une démarche visant à donner aux nations en développement la capacité de satisfaire leurs besoins de manière économiquement et écologiquement sensée. Un design culturellement adapté doit pouvoir améliorer le mode de vie des plus démunis mais – ce qui est vital à long terme – il doit aussi établir quelques principes fondateurs sur lesquelles bâtir des économies régionale. Exemple réussi de ce type de design : les fauteuil roulants conçus par les équipes de Motivation pour les victimes de mines anti-personnel, fabriqués à partir de pièces détachée s disponibles dans les pays du tiers-monde. Citons aussi les lave-linge à pédale mis au point par le laboratoire de design industriel de l'université de Paraiba (Brésil) ainsi que les radios et lampes torches auto-alimentés *Freeplay* dessinées par Trevor Baylis, aujourd'hui fabriquées en Afrique du Sud. Malheureusement, peu de designers occidentaux ont jusqu'à maintenant éprouvé le besoin de s'investir dans ce secteur très important du design, généralement considéré comme non rentable. Comme l'explique Victor Papanek dans son ouvrage séminal *Design for a Real World* (1971), la solution de ce problème réside dans une meilleure éducation. Papanek y évoque notamment la nécessité d'envoyer des équipes de designers occidentaux former les populations des pays concernés « afin de créer des groupes de designers locaux résolument dédiés à leur héritage culturel propre, leur style de vie propre, et leurs besoins propres ».

WOBO
(WOrld BOttle),
Prototype de cabanon
et bouteilles spéciale-
ment conçues
pour Heineken, début
des années 1960
(ce projet n'a jamais
été réalisé)

Liste des membres
fondateurs du
Deutscher
Werkbund

DEUTSCHER WERKBUND

FONDÉ EN 1907
MUNICH, ALLEMAGNE

En 1906, la IIIᵉ Deutsche Kunstgewerbeausstellung (Exposition Allemande d'Arts Appliqués), à Dresde, révèle la prééminence d'un nouveau style, plus formel, fonctionnaliste avant la lettre, sur le **Jugendstil**, l'Art Nouveau allemand. Ne sont présentés que les projets qui sont le fruit d'une collaboration effective entre des décorateurs associés à des ateliers reconnus comme les Dresdener Werkstätten für Handwerkskunst (Ateliers Dresdois pour l'Artisanat d'Art). Leur utilitarisme accru, par rapport aux expositions précédentes de Dresde, traduit la conviction de designers comme Richard Riemerschmid qui considère que le seul moyen de fabriquer des produits bien conçus et bien réalisés à un coût abordable est de les faire produire industriellement. En entérinant cette direction, l'exposition affirme un nouvel impératif esthétique et social du design et sert de catalyseur à la formation du Deutscher Werkbund. Fondé en octobre 1907, celui-ci s'efforce de concilier qualité artistique et production industrielle en série. Le groupe fondateur comporte une douzaine de designers, dont Riemerschmid, Bruno Paul, Peter Behrens et Josef Maria Olbrich, ainsi qu'une douzaine de fabricants reconnus, dont Peter Bruckmann & Söhne, Poeschel & Trepte, et des ateliers de design comme la **Wiener Werkstätte** ou les Vereinigte Werkstätten für Kunst im Handwerk (Ateliers Unis pour le Travail Artisanal). Peter Bruckmann est nommé président de l'association qui compte, un an plus tard, environ cinq cents membres. A partir de 1912, le Werkbund publie un annuaire avec des articles illustrés sur les projets de ses membres. On y découvre ainsi des usines conçues par Walter Gropius et Peter Behrens et des automobiles d'Ernst Naumann. Cet annuaire donne aussi les adresses de ses membres et leur domaine de spécialisation afin d'encourager la collaboration entre art et industrie. En 1914, le Werkbund organise à Cologne une exposition qui fait date, la « Deutsche Werkbund-Ausstellung », dans laquelle on peut admirer une maquette de l'usine de verre et d'acier de Walter Gropius, un pavillon de verre de Bruno Taut et le théâtre du Werkbund, une réalisation d'Henry van de Velde. Un an plus tard, les effectifs de l'association se montent à près de deux mille personnes. Le fossé croissant entre fabrication artisanale et industrielle suscite cependant des débats au sein du mouvement: certains de ses membres, comme Hermann Muthesius et Naumann, militent en faveur de la standardisation, alors que d'autres, comme van de Velde, Gropius et Taut, plaident pour la personnalisation. Ce conflit menace de faire éclater l'association. Le besoin croissant de produits de grande consommation, après les ravages de la Première Guerre mondiale, pousse toutefois Gropius à admettre la nécessité de la standardisation et de la production en série. D'autres membres, cependant, comme Hans Poelzig, continuent à résister au changement. De 1921 à 1926, sous la présidence de Riemerschmid, l'approche fonctionnaliste ne cesse de gagner du terrain dans le Deutscher Werkbund. En 1924, l'association publie *Form ohne Ornament* (Forme sans Ornement) qui présente des projets destinés à une fabrication industrielle, expose les mérites de surfaces unies sans ornement et se fait l'avocat du **Fonctionnalisme**. En 1927, le Werkbund confie à Ludwig Mies van der Rohe l'organisation d'une exposition unique à Stuttgart intitulée « Die Wohnung » (l'habitation). L'événement de l'exposition est un projet de lotissement, le « Weissenhofsiedlung », pour lequel les architectes les plus novateurs d'Europe sont invités à concevoir des pavillons. Dans ces maisons réalisées spécialement pour l'occasion, on peut admirer des meubles en **métal tubulaire** dessinés notamment par Mies van der Rohe, Mart Stam, Marcel Breuer et Le Corbusier. Cette exposition et l'importante publicité qui lui est faite conduisent à une meilleure acceptation du Modernisme. Malgré la dissolution du Werkbund en 1934, l'association se reforme en 1947, mais son élan initial est retombé. Le Deutscher Werkbund, passerelle entre le Jugendstil et le **Mouvement Moderne**, aura exercé une énorme influence sur l'évolution du **design industriel** allemand.

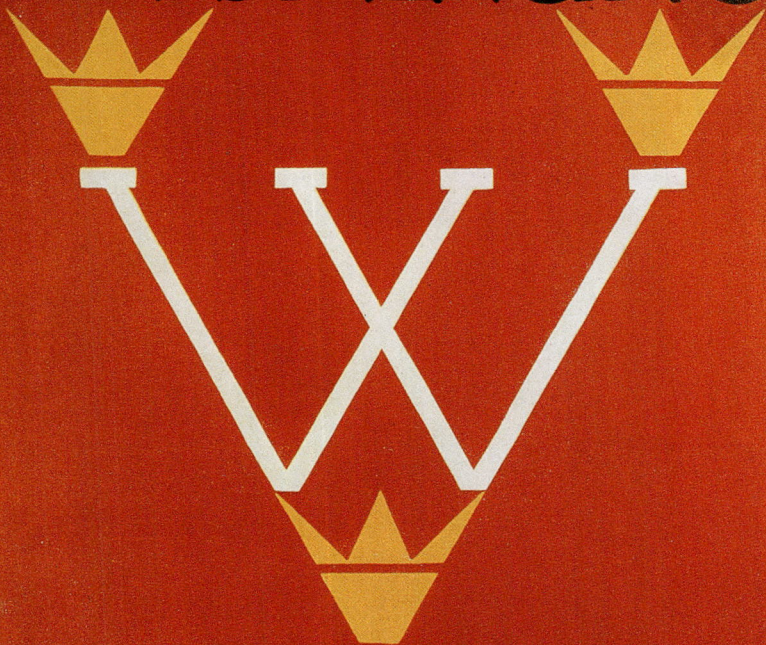

DEUTSCHE
WERKBUND
AUSSTELLUNG

MAI-OKTOBER
COELN 1914
KUNST IN HANDWERK·INDUSTRIE
UND HANDEL·ARCHITEKTUR

ENVIRONMENTAL DESIGN

DESIGN ÉCOLOGIQUE

Ampoule électrique fluorescente *Neo Ball*, Toshiba, 1998 – d'une durée de vie six fois plus longue que celle d'une ampoule ordinaire elle consomme quatre fois moins d'énergie

Le design écologique a pour but premier de minimiser le rejet de déchets et de ramener la consommation d'énergie et de matériaux dans notre société à un niveau raisonnable. Richard Buckminster Fuller, dans les années 1920, plaide pour « une science du design » basée sur une idée : « Tirer le maximum du minimum ». C'est lui qui dans les années 1950 forge l'expression « vaisseau spatial terre », point de départ d'une réflexion plus globale sur la planète. Parmi les autres écrivains et théoriciens ayant contribué à une meilleure compréhension du design écologique, on retiendra Vance Packard, dont l'ouvrage *The Waste Makers* (1961) condamnait très vigoureusement la stratégie d'**obsolescence planifiée** et Victor Papanek, auteur de *Design for a Real World* (1971) qui montrait l'importance de la conscience écologique dans la démarche du designer et réclamait des solutions radicales pour préserver l'environnement. Ce type de points de vue a connu une grande vogue au début des années 1970, lorsque avec la crise pétrolière les hommes ont pris conscience du caractère limité des ressources naturelles du globe. Dans les années 1980, plusieurs catastrophes écologiques d'origine humaine ainsi que le réchauffement du climat provoqué par l'industrialisation ont mis en évidence l'urgence d'un design écologique. Le design écologique ou « design vert » prend en considération le cycle de vie d'un produit dans son ensemble : l'extraction des matières premières et l'impact écologique de leur traitement ; l'énergie consommée par leur fabrication et le rejet éventuel de déchets toxiques ; l'énergie consommée par le système de distribution et l'impact écologique de celui-ci ; la durée de vie utile du produit ; la récupération de ses composants et l'efficacité du recyclage ; l'impact écologique de la des-

Crayon fabriqué à partir de gobelets recyclés, Remarkable Pencil Ltd., 1998

MADE FROM 1 RECYCLED VENDING CUP

truction des déchets, par enfouissement ou incinération. Le recyclage, malgré ses aspects bénéfiques, réduit insuffisamment la consommation d'énergie et il encourage d'une certain façon la culture du «jetable». L'allongement de la durée de vie des produits, en revanche, minimise la consommation d'énergie et le rejet de déchets : en multipliant la durée de vie utile d'un produit par deux, on réduit de moitié son impact négatif sur l'environnement.

ERGONOMICS

ERGONOMIE

Zdenek Kovar, Ciseaux ergono-miques, 1952

L'ergonomie, ou « facteur humain », selon l'expression usitée aux Etats-Unis est l'étude systématique des caractéristiques des utilisateurs humains et de leur relation aux outils, aux systèmes et aux environnements. Etroitement liée à l'**anthropométrie** (le recueil systématique et la corrélation des mensurations du corps humain), l'ergonomie prend en compte les facteurs anatomiques, physiologiques et psychologiques ainsi que le comportement, les capacités et les limitations de l'être humain. Grâce à l'application scientifique de ces données, l'ergonomie permet de concevoir des produits plus efficaces, plus sûrs et plus conviviaux mais aussi plus simples à comprendre et à entretenir. Sur le lieu de travail, l'ergonomie entraîne donc une productivité et un rendement accru. Un produit ergonomique étant conçu pour fonctionner en harmonie avec le corps humain, il procure souvent un confort accru, qu'il s'agisse d'une paire de ciseaux ou d'une chaise. Dans le domaine des sièges de bureau, où un support flexible permanent est essentiel pour assurer une assise confortable, on peut affirmer que la plupart des principes ergonomiques appliqués dans la conception des sièges sont basés sur une bonne connaissance des faiblesses plutôt que des forces du corps humain. Le remarquable succès de la chaise *Vertebra* (1977)

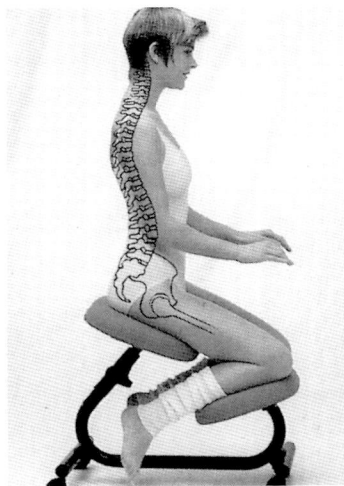

Peter Opsvik, Chaise *Balans Variable* pour Stokke, 1979

d'Emilio Ambasz, premier siège de bureau à réagir automatiquement aux mouvements du corps est presque entièrement dû à la connaissance approfondie des principes ergonomiques que traduit sa conception. Les réglementations d'hygiène et de sécurité actuelles, surtout dans les espaces professionnels, entraînent une prise en compte toujours plus rigoureuse des facteurs ergonomiques par les designers et les fabricants. Selon l'International Center of Ergonomics : « L'ergonomie procure des solutions qui optimisent confort et efficacité et minimisent les risques d'accidents et de blessures, que ce soit au travail, sur la route ou à la maison. » L'apparition de la **Conception Assistée par Ordinateur** (CAO) a contribué à faciliter les applications de données ergonomiques au design des outils, des systèmes et des environnements désormais mieux adaptés à leurs utilisateurs.

ESSENTIALISM

ESSENTIALISME

Ross Lovegrove,
Solar Bud
module d'éclairage
écologique pour
Luceplan,
1996–1997

L'essentialisme est une vision du design qui ramène
celui-ci à l'arrangement logique des seuls éléments
absolument nécessaires à l'accomplissement d'un but
spécifique. L'essentialisme dérive donc directement
de l'axiome Moderne selon lequel on doit s'efforcer de « tirer le maximum du minimum » et s'apparente étroitement au **design écologique**.
Les origines de l'essentialisme remontent au Dymaxion (dynamique +
efficacité maximale), théorie du design inventée dans les années 1920
par Richard Buckminster Fuller qui s'est constamment efforcé de propo-
ser des solutions de design novatrices en minimisant la consommation
d'énergie et de matériaux. La démarche essentialiste, privilégiant souvent
la technologie dans sa démarche, s'inspire de l'héritage fonctionnaliste
et rationaliste du design. L'essentialisme caractérise le travail de nombreux designers industriels importants du XXe siècle aux vocabulaires
formels souvent très éloignés. Considéré comme un prolongement du
Modernisme, l'essentialisme peut prendre des formes géométriques ou
organiques – il n'a pas de style unique défini. Un design de Dieter Rams,
par exemple, ne possède pas les mêmes qualités esthétiques qu'un objet

Ross Lovegrove,
Fauteuil *Oasis*
pour Driade, 1997

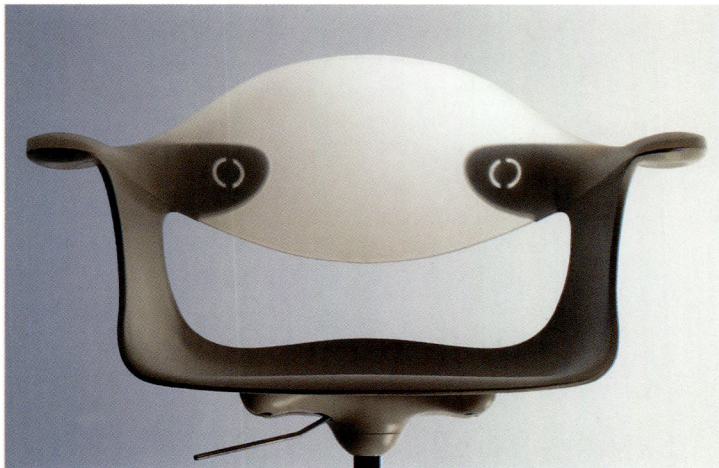

de Charles Eames mais tous deux peuvent être considérés comme Modernes et entièrement essentialistes. Des designers industriels contemporains comme Jasper Morrison et Konstantin Grcic ont adopté une approche quasi utilitaire du design pour créer des produits essentialistes dotés d'une intense pureté esthétique. D'autres designers contemporains, tel Harri Koskinen réinterprètent dans un esprit moderne des paradigmes essentialistes puisés dans un répertoire vernaculaire. Comme le montre le travail de Ross Lovegrove, essentialisme et **design organique** se mêlent de plus en plus pour forger un nouveau naturalisme de la forme. Commentant l'amalgame qu'on pratique souvent entre le vocabulaire formel dépouillé de l'essentialisme, ou « dématérialisme », et le **stylisme** minimaliste, Lovegrove déclare : « Je trouve le minimalisme suspect parce qu'il n'existe pas vraiment dans la nature ... je le trouve suspect parce la vie n'est pas minimaliste, mais en général assez compliquée et détaillée. Le dématérialisme, ou essentialisme, constitue une autre démarche, il se rapporte plus à l'aspect physique des objets. Le dématérialisme signifie qu'on insiste moins sur le poids, la densité et l'épaisseur. C'est l'idée que les choses pourraient être construites, à l'avenir, de façon plus organique, moins physique, comme si elles poussaient ... le dématérialisme est un objectif absolu. » L'essentialisme exigeant une compréhension très approfondie de la structure et de la nature des matériaux ainsi que des techniques industrielles, il constitue clairement l'approche du design la plus appropriée pour le XXIe siècle.

Test du démarreur
de la Ford *Model T*,
1914

FORDISM

FORDISME

Le Fordisme désigne la production en série, une méthode de fabrication qui a dominé les économies de la plupart des pays développés durant tout le XXe siècle.

Le Fordisme désigne la production en série, une méthode de fabrication qui a dominé les économies de la plupart des pays développés durant tout le XXᵉ siècle. C'est en effet Henry Ford qui a le premier mis au point le système de chaîne de montage pour son *Model T*. Le Fordisme n'a pas seulement révolutionné la structure du processus de travail mais aussi la façon dont les produits étaient conçus et agencés. C'est à cause de l'énorme demande de *Model T* (1908) en Amérique du Nord que Ford a cherché à mettre au point un modèle constructible en série et vendu à bas prix. Sa solution, une chaîne de montage qui progresse mécaniquement, supposait d'optimiser l'agencement des machines, des équipements et des ouvriers afin d'obtenir un flux de pièces ininterrompu. Elle s'inspirait des abattoirs de Cincinnati et Chicago où la viande était conditionnée industriellement à très grande échelle, les carcasses d'animaux accrochées à des chariots électriques suspendus défilant devant les bouchers à un rythme régulier. Les travailleurs concentrés sur leur tâche accomplissaient leur travail au rythme dicté par la machine, ce qui minimisait les déplacements inutiles et accroissait considérablement la productivité. Tirant les enseignements de ses observations personnelles et des théories de Frederick Winslow Taylor – qui énonçait dans son ouvrage majeur, *Principes d'organisation scientifique des usines* (1912), les grandes lignes du **Taylorisme** – Henry

Fabrication des
volants de moteur
pour la Ford
Model T, 1914

Ford met en place dès 1913 la première chaîne de montage de volants magnétiques. La même année, il conçoit un système original de construction des châssis : ces derniers tractés par des cordes passent devant des piles de pièces détachées et tout le processus de fabrication consiste en une série de tâches répétitives exécutées par des ouvriers échelonnés sur le trajet des véhicules en construction. Le temps de montage de la *Model*

T qui est de 12 heures et huit minutes dans l'ancien système où l'on apportait les différentes pièces vers un point fixe, est abaissé par l'invention du tapis roulant automatisé à une heure et trente trois minutes. La *Model T*, produite à 20 000 exemplaires en 1910 au coût de production unitaire de 850 dollars atteint en 1916 les 60 000 exemplaires pour un coût de production unitaire de 360 dollars, démontrant clairement l'efficacité de la nouvelle technique de fabrication à la chaîne. Quand la production de la Ford *T* est arrêtée en 1927, l'entreprise en a vendu 15 millions et elle produit à elle seule la moitié du nombre total des moteurs fabriqués dans le monde. La réussite de la fabrication à la chaîne suppose une organisation et une synchronisation sophistiquées, la conception méticuleuse et standardisée des pièces détachées et l'efficacité de la conception d'ensemble du produit, mais elle dépend aussi pour une large part de l'importance des fonds investis dans les usines et les équipements. Seule de très grandes entreprises peuvent en général supporter le coût élevé de telles infrastructures. Le développement du Fordisme a donc accéléré l'ascension d'un petit nombre de firmes à vocation planétaire – de Boeing à IBM – dominant leurs marchés spécifiques. Plus récemment, la nécessité d'une amélioration de la productivité a entraîné l'introduction de systèmes automatisés de production en série. Les robots jouent un rôle croissant dans les phases de fabrication répétitives, pénibles et

Atelier de fabrication des réservoirs d'essence de la Ford *Model T*, 1914

potentiellement dangereuses pour la santé des travailleurs : soudure,
peinture au pistolet, maniement de pièces et d'outils lourds et encom-
brants. Grâce aux systèmes de Production Intégrée par Ordinateur (PIO),
dérivés des systèmes de **CAO / FAO (Conception Assistée par Ordinateur / Fabrication Assistée par Ordinateur)**, l'automatisation a accompli
des progrès spectaculaires puisqu'elle ne concerne plus seulement la
conception et la fabrication mais affecte désormais la plupart des fonctions de l'entreprise. L'automatisation des systèmes de production For-
distes a entraîné l'élimination de nombreux postes de travailleurs sous-
qualifiés, mais a accru la demande en techniciens compétents chargés
de superviser le fonctionnement des systèmes automatisés. L'automation
a donc, contrairement à certaines prévisions, conduit à la réintroduction
de travailleurs plus qualifiés. Elle a aussi amélioré le rendement et aug-
menté les volumes de production tout en supprimant les tâches pénibles
et en accroissant les salaires des travailleurs, réalisant intégralement le
programme énoncé par Frederick Winslow Taylor au début du XXe siècle.

FUNCTIONALISM

FONCTIONNALISME

Wilhelm Wagenfeld,
Cafetière *Sintrax*
pour Jenaer Glas-
werke Schott &
Gen., 1931

Marcel Breuer,
Modèle préfigurant
les chaises *E5*, vers
1926, et *B3* pour
Standard-Möbel,
fabriquées plus tard
par Thonet,
1926–1927

Plutôt qu'un style, le fonctionnalisme est d'abord une conception de l'architecture et du design qui s'efforce de résoudre les problèmes pratiques de la façon la plus logique et la plus efficace. Les origines du fonctionnalisme remontent à Vitruve, l'architecte romain du premier siècle avant Jésus-Christ, dont les théories s'inscrivent elles-mêmes dans la tradition hellénistique. L'approche classique ou fonctionnelle de l'architecture a depuis lors connu plusieurs résurrections: à la Renaissance (XVe et XVIe siècles), au XVIIIe siècle avec les architectes néo-classiques et au XIXe siècle grâce à des personnalités éminentes comme Gottfried Semper et Eugène-Emmanuel Viollet-le-Duc. Dans la seconde moitié du XIXe siècle, des réformateurs du design comme A. W. N. Pugin et William Morris plaident aussi pour une conception fonctionnelle du design débouchant sur la fabrication de produits utilitaires. Mais c'est l'architecte américain Louis Sullivan qui, avec sa formule « La forme découle de la fonction » (1896), est en général considéré comme l'inventeur du fonctionnalis-

me moderne. Les précurseurs du fonctionnalisme prônent une démarche attentive à la culture spécifique et à l'environnement du site dans lequel ils interviennent comme designers ou architectes. A l'inverse, durant la première moitié du XXᵉ siècle, le **Mouvement Moderne** assimile fonctionnalisme et **Rationalisme** et préfère les solutions universelles, donc internationales, aux particularismes architecturaux et décoratifs de chaque pays. L'enseignement du **Bauhaus** est fondé sur cette perspective et des architectes-designers comme Ludwig Mies van der Rohe, Marcel Breuer, Le Corbusier et J. J. P. Oud optent pour des matériaux industriels, **métal tubulaire**, acier et verre pour créer des meubles et des immeubles fonctionnels. Pourtant ces nouveaux matériaux sont souvent choisis autant pour leur esthétique mécanique moderne que pour leurs possibilités fonctionnelles. Dans les années 1920, le style du vocabulaire formel du fonctionnalisme est codifié, surtout en France et en Allemagne, par des designers d'**avant-garde** désireux de faire entrer la modernité dans la réalité. Dans les années 1930, l'esthétique fonctionnaliste, de plus en plus largement adoptée, débouche sur le **Style International**. Dans les années 1960, l'éthique sociale du fonctionnalisme – considérée par certains designers comme un formalisme stylistique – est remise en question par les tenants de l'**Anti-Design** qui donnera à son tour naissance au **Post-Modernisme**. Le Modernisme du XXᵉ siècle se réduit pour l'essentiel à un mélange de rationalisme et de fonctionnalisme – deux termes à la limite synonymes puisqu'ils renvoient à une logique de construction générée par la technologie comme fondement du design et de l'architecture.

Fortunato Depero,
Projet de carte de
visite pour les
Créations
Typographiques
Depero, 1927

FUTURISM

Le Futurisme est fondé en 1909 par l'écrivain italien Filippo Tommaso Marinetti. Comme son appellation l'indique, le mouvement se détourne du passé et proclame son adhésion fervente au progrès technique. Le *Manifeste Futuriste,* que Marinetti publie en 1909, célèbre le potentiel et le dynamisme intrinsèque de la machine et des systèmes de communication. Premier mouvement culturel à prendre ses distances avec la nature et à glorifier la *metropolis*, la grande ville, le Futurisme a marqué d'une profonde empreinte les mouvements de design ultérieurs. Les œuvres d'Umberto Boccioni, Gino Severini, Carlo Carrà et Giacomo Balla traduisent le flux énergétique de la vie moderne dans des compositions cubistes dont la stylisation géométrique suggère les sensations de vitesse et d'accélération. Dans le domaine du graphisme, le Futurisme se traduit par un usage expressif et anticonformiste de la mise en page et de la typographie. Cette idée de structure expressive est aussi importante dans la composition poétique. En 1910, paraît Le *Manifeste de la peinture futuriste* signé de Carrà, Balla, Boccioni, Severini et Luigi Russolo. C'est Balla qui sera le premier à mettre en pratique les théories futuristes dans les arts décoratifs. Dans l'atelier artisanal pour le futurisme dans l'art qu'il ouvre à Rovereto durant les années 1920, l'artiste et designer Fortunato Depero poursuit ces incursions expressives dans le design. En 1914, Depero écrit *Complessità plastica – gioco libero futurista – l'essere vivente-artificiale* (Complexité plastique – libre jeu futuriste – l'être artificiel-vivant) et dans sa Maison de l'Art, à Rovereto, il invente un style de design néo-plastique qui sera plus tard adopté par les rationalistes italiens. L'architecte Antonio Sant'Elia rejoint le mouvement en 1914 et expose ses propositions pour la « Nouvelle Cité » à Milan. Les formes amples et dynamiques de ses projets architecturaux excluent toute ornementation et confinent au Brutalisme avec leurs surfaces brutes et leurs couleurs violentes. Malgré la mort prématurée de Sant'Elia en 1916, le *Manifeste pour l'architecture futuriste* marquera profondément les esprits, notamment les fondateurs de **De Stijl**, qui le découvrent en 1917. Le Futurisme s'est efforcé de subvertir la culture bourgeoise et a représenté à certains égards une force de destruction, reflet obligé de l'esthétique agressive de la vie urbaine à l'ère du machinisme. Les futuristes, qui se rallièrent au fascisme, étaient, à travers leur radicalisme, en quête d'un ordre et peuvent donc être considérés comme le premier mouvement de **design radical**.

Atelier artisanal
Fortunato Depero
pour l'art futuriste
à Rovereto, 1920

GESAMT-KUNSTWERK

ŒUVRE D'ART TOTALE

L'œuvre d'art totale est la traduction française d'une expression allemande : Gesamtkunstwerk, dont l'usage remonte au XIXᵉ siècle et désigne une synthèse de tous les arts. A l'origine, la notion de Gesamtkunstwerk est associée aux opéras de Richard Wagner qui mêlent musique et drame. Plus tard, elle renvoie à la notion de design englobant architecture et décoration intérieure, dans lequel chaque élément d'un projet artistique est conçu sur mesure, généralement par un créateur unique. Cette idée de design unifié a été reprise et popularisée par des architectes affiliés au **Mouvement Arts & Crafts** comme Charles Rennie Mackintosh et Frank Lloyd Wright. Ils ont radicalisé l'idée d'œuvre d'art totale en s'assurant que leurs immeubles étaient fonctionnels et en complète harmonie avec leur environnement. Ils en ont aussi conçu les moindres détails extérieurs et intérieurs, jusqu'à la vaisselle de table et aux poignées de portes. En Autriche et en Allemagne Josef Hoffmann et Peter Behrens sont aussi des partisans importants du concept d'œuvre d'art totale. L'idée d'un design complètement unifié contenue dans cette notion a plus tard influencé la pratique d'un « design total », dans lequel conception, fabrication et commercialisation des produits relèvent d'une démarche globale.

Frank Lloyd Wright, Salle à manger de la
Maison Hollyhock, Los Angeles, créée pour
Aline Barnsdall, 1917–1920

GOOD DESIGN

BON DESIGN

selected for the
**DESIGN
CENTRE
LONDON**

Design Council,
Label de qualité,
1959

La notion de Bon Design renvoie à une conception rationnelle du processus de conception selon laquelle les produits sont créés selon certains principes esthétiques et techniques généralement associés au **Mouvement Moderne**. A la fin des années 1940, D.J. De Pree, le fondateur de la Herman Miller Furniture Company, a fixé les critères du bon design : durabilité, unité, intégrité, inévitabilité et beauté. Le Museum of Modern Art de New York organise en 1950 la première exposition sur le Bon Design dont l'aménagement est confié à Charles et Ray Eames. Les produits lauréats sont sélectionnés par un jury de trois personnes et commercialisés en magasin, accompagnés d'une étiquette « Bon Design ». Les principes du Bon Design sont aussi favorablement accueillis en Europe, surtout en Allemagne. En 1952, Max Bill est cofondateur de la **Hochschule für Gestaltung d'Ulm** qui vise à propager les vertus du Bon Design, auparavant défendues par les membres du **Bauhaus**. Il est aussi responsable de la création en Allemagne des expositions « Die Gute Industrieform ». Ce concept de Bon Design est exemplairement adopté par Braun où Dieter Rams développe un style maison fonctionnaliste pour les produits électroménagers. En Angleterre, le Bon Design est activement encouragé par le Design Council (fondé en 1960), à travers diverses expositions et sa revue *Design*. Le Design Council a développé l'usage du célèbre label « kitemark » qui distingue les produits de qualité. Dans les années 1960, certains designers réagissent contre le conservatisme et le conformisme du Bon Design. Cette réaction débouchera sur la vogue du **Post-Modernisme** qui veut redonner au design dominant radicalité, émotion et personnalité.

HIGH-TECH

Le style High-Tech qui fait son apparition dans l'architecture au milieu des années 1960, mêle formalisme géométrique, modernisme classique et certaines suggestions du **Design Radical** de Buckminster Fuller. L'utilitarisme qui sous-tend ce style s'oppose aux excès du **Design Pop**. Initié par des architectes britanniques comme Norman Foster, Richard Rogers et Michael Hopkins qui utilisent des éléments industriels bruts dans leurs immeubles, le style High Tech a fini par s'imposer dans la décoration intérieure au cours des années 1970. Les matériaux et équipements conçus pour les usines s'imposent dans les intérieurs High-Tech souvent adonnés aux couleurs primaires en hommage à **De Stijl**. Parmi les représentants américains du style High-Tech, Joseph Paul D'Urso et Ward Bennett travaillent avec des matériaux industriels de récupération. En 1978, Joan Kron et Susan Slesin publient un livre intitulé *High-Tech: The Industrial Style and Source Book for the Home* mais ce style se voit supplanté au début des années 1980 par le **Post-Modernisme**. La promotion de composants industriels par le High-Tech a cependant inspiré des designers anglais comme Ron Arad et Tom Dixon qui créent au milieu des années 1980 des « pièces uniques » à partir de matériaux de récupération, écoperches d'échafaudage, sièges de voitures et plaques d'égout.

Michael Hopkins,
Atelier de la Maison
Hopkins, 1979

HOCHSCHULE FÜR GESTALTUNG, ULM

1953–1968
ULM, ALLEMAGNE

Fondée par Otl Aicher et Inge Scholl en 1953, à Ulm, en Allemagne, la Hochschule für Gestaltung avait pour objectif de redonner vie à l'enseignement d'inspiration sociale du **Bauhaus**, interdit par les nationaux-socialistes dans les années 1930. L'idée de créer une nouvelle école de design avait surgi en 1947 à l'occasion d'une rencontre avec Max Bill, qui devait par la suite concevoir les bâtiments de cet établissement et en devenir le premier directeur. Les cours ont commencé en 1953, dispensés entre autres par d'anciens membres du Bauhaus, parmi lesquels Ludwig Mies van der Rohe, Josef Albers et Johannes Itten, qui avaient le statut de professeurs associés. Les locaux de l'école ont ouvert en 1955, et c'est l'année suivante que le théoricien du design argentin Tomás Maldonado a accédé aux fonctions de directeur. Bien que cet établissement ait donné une dimension humaniste à la méthodologie du design en introduisant des cours de **sémiotique**, d'anthropologie, d'étude du contexte et de psychologie, on en retient surtout son **fonctionnalisme** et son approche systématique du design fondée sur l'ingénierie. L'esthétique industrielle qui en a résulté a profondément marqué le design allemand, comme en témoignent les travaux de Hans Gugelot et Dieter Rams pour Braun. En 1968, un an après le départ de Maldonado, qui

Uppercase 5, édité par Theo Crosby, 1961 ; ces essais choisis par Tomás Maldonado exposent la conception rationnelle du design de la Hochschule für Gestaltung

préconisait « la production de masse, la communication de masse, la participation de masse », les autorités locales ont coupé les vivres à cet établissement, le déclarant trop radical. Peu après, le personnel a décidé de fermer cette école qu'on appelait souvent « le nouveau Bauhaus ». Tandis que certains enseignants – comme Hans Gugelot, directeur du département de design de produit depuis 1954 – avaient eu une approche systématique et scientifique du design, d'autres s'étaient aventurés à rejeter le fonctionalisme dogmatique. C'est cette contradiction fondamentale qui a tenu en échec la Hochschule für Gestaltung et avant elle, son prédécesseur spirituel, le Bauhaus.

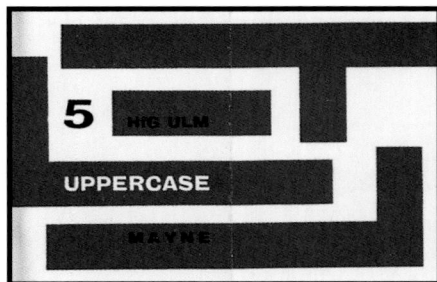

INDEPENDENT GROUP

FONDÉ EN 1952
LONDRES, GRANDE-BRETAGNE

Formé en 1952, l'Independent Group se réunit régulièrement à l'ICA (Institute of Contemporary Art) à Londres pour analyser les progrès techniques de la production industrielle américaine et réfléchir à l'émergence d'une culture consumériste de masse. Le groupe, formé de Richard Hamilton, Eduardo Paolozzi, Reyner Banham et Peter et Alison Smithson, rejette la philosophie moderniste et tire son inspiration de l'art

Richard Hamilton,
Qu'est-ce au juste
qui rend les foyers
d'aujourd'hui si
différents, si attirants?
Collage, 1956

« vulgaire », de préférence à l'art « noble ». Défenseurs convaincus de la culture populaire, certains membres du groupe plaident en faveur de l'obsolescence calculée des produits, qu'ils considèrent naïvement comme bénéfique à la production et donc à la croissance économique. Ce n'est pas un hasard si Hamilton introduit l'image d'une sucette ornée du mot Pop dans son collage de 1956 intitulé *Qu'est-ce au juste qui rend les foyers d'aujourd'hui si différents, si attirants?* C'est peut-être la première fois qu'un mot utilisé dans une œuvre d'art est appelé à devenir l'étiquette d'un nouveau mouvement artistique. Cette illustration qui fait date marque d'ailleurs non seulement une nouvelle orientation de l'art mais aussi du design. Hamilton définissait ainsi les caractéristiques du Pop : « Populaire, éphémère, jetable, bon marché, produit en série, jeune, spirituel, sexy, astucieux, séduisant, produit par la grande industrie. » En définissant ainsi le Pop, l'Independent Group a posé les fondations théoriques sur lesquelles, dans les années 1960, devait s'épanouir le **Design Pop**.

INDUSTRIAL DESIGN

DESIGN INDUSTRIEL

Marcello Nizolli, Machine à écrire *Lettera 22* pour Olivetti, 1950

Depuis plus de 200 ans, les produits issus de la fabrication industrielle mécanisée ont façonné notre culture des objets, influé sur l'économie mondiale et modifié la qualité de notre environnement et de notre vie quotidienne. Des produits de consommation et des emballages aux moyens de transport et aux équipements de production, les produits industriels recouvrent un éventail extraordinaire de fonctions, techniques, approches, idées et valeurs et sont un moyen par lequel nous appréhendons le monde qui nous entoure. La nature des produits industriels et leur mode de production sont déterminés par un processus de conception toujours plus complexe, lui-même soumis à une large palette de facteurs et influences : non seulement les contraintes imposées par le contexte social, économique, politique, culturel, organisationnel et commercial dans lequel les produits sont mis au point, mais aussi la personnalité, la réflexion et la créativité de designers isolés ou travaillant en équipe, de spécialistes et fabricants impliqués dans leur fabrication. Le design industriel – à savoir la conception et la création de produits destinés à la fabrication à l'échelon industriel – est un processus créatif et inventif réalisant la synthèse de facteurs instrumentaux tels que l'ingénierie, la technologie, les matériaux et l'esthétique dans des solutions produisibles par la machine, processus qui met en balance tous les besoins et désirs du consommateur en tenant compte des contraintes techniques et sociales. L'ingénierie – l'application de principes scientifiques à la conception et à l'élaboration de structures, machines, appareils ou procédés de fabrication – est un aspect essentiel du design industriel dont il trace les limites. Tandis que ces deux disciplines visent à trouver des solutions optimales à des problèmes spécifiques, le design industriel se distingue principalement par son souci de l'esthétique. Ses origines remontent à la Révolution industrielle, qui a commencé en Grande-Bretagne au milieu du XVIIIe siècle, et qui a marqué l'avènement de la mécanisation. Avant cette époque, les objets étaient produits de manière artisanale, c'est-à-dire conçus et

Peter Behrens, Bouilloire électrique pour AEG, 1929

Florian Seiffert,
Cafetière *Aromaster*
KF 20, 1972

fabriqués par un seul et même individu. Le développement de nouveaux procédés de fabrication industriels et la division du travail ont séparé progressivement la conception et l'élaboration de l'acte de fabrication. A ses débuts, le design ne reposait cependant sur aucun fondement intellectuel, théorique ou philosophique et était considéré uniquement comme une facette de la production industrielle indissociable des nombreuses autres. C'est ainsi que jusqu'au XIXe siècle, les produits manufacturés étaient créés par des spécialistes issus des domaines de la technique, de la science des matériaux et de la production plutôt que par un designer. Vers la fin du XIXe siècle, les fabricants ont commencé à entrevoir l'avantage concurrentiel décisif qu'ils pouvaient tirer de l'amélioration de l'intégrité de la construction et de l'apparence esthétique de leurs produits. Dans cette optique, ils ont commencé à associer au processus de conception des spécialistes d'autres domaines, plus particulièrement des architectes. Au début du XXe siècle, le design industriel est devenu une discipline à part entière, lorsque la théorie du design a été intégrée aux méthodes industrielles de production. Parmi les premiers praticiens professionnels du design, il faut citer l'architecte allemand Peter Behrens, embauché par AEG en 1907 pour améliorer les produits et l'**identité visuelle** de l'entreprise. Depuis lors, le design industriel est devenu un facteur toujours plus important dans le succès des produits industriels et des entreprises qui les fabriquent. Si le designer a toujours eu pour objectif de trouver l'équilibre le meilleur entre les attentes intellectuelles, fonctionnelles, émotionnelles, esthétiques et éthiques de l'utilisateur/consommateur et les influences et facteurs pesant sur le processus de conception, il est important de se rappeler un fait historique : si les fabricants n'avaient pas été disposés à consentir les investissements nécessaires, et parfois lourds, que requiert la mise au point de nouveaux produits, le design n'aurait pas connu le même essor.

INSTITUTE OF DESIGN, CHICAGO

INSTITUT DE DESIGN DE CHICAGO
FONDÉ EN 1944
CHICAGO, ETATS-UNIS

En 1933, le régime nazi ferme le **Bauhaus** de Dessau, considéré comme une institution subversive, contraignant nombre de ses enseignants à émigrer pour fuir les persécutions. Après s'être d'abord installé à Londres, László Moholy-Nagy part pour Chicago en 1937, à l'invi-

Photo du bâtiment du New Bauhaus à Chicago, 1937

tation de l'Association of Arts and Industries, pour mettre sur pied une nouvelle école de design qui régénérerait la vie économique et culturelle de la ville. Le « Nouveau Bauhaus », comme le baptise alors Moholy-Nagy, basé sur les principes pédagogiques de son antécédent allemand, n'a qu'une existence éphémère : l'Association décide de lui couper les vivres en 1938, parce qu'elle trouve son programme trop expérimental. L'année suivante, Moholy-Nagy rouvre l'école, grâce à l'appui de Walter Papecke, le président de la Container Corporation of America et elle est rebaptisée Chicago School of Design. En 1944, l'école devient l'Institute of Design, dénomination qu'elle gardera par la suite. Après la mort de Moholy-Nagy, en 1946, elle est rattachée à l'Armoury Institute qui deviendra lui-même l'Illinois Institute of Technology. La même année, le designer russe émigré Serge Chermayeff succède à Moholy-Nagy comme directeur de l'école. Depuis le début de son activité, l'Institute of Design considère l'enseignement du design, d'un point de vue expérimental et le cursus original, outre les études de design incluait aussi des cours de psychologie et de littérature. Aujourd'hui, la mission de l'Institute of Design reste de « repousser les limites du design » et il se spécialise dans l'application des nouvelles technologies.

Jacobus Johannes
Pieter Oud, Lampe
de table *Giso 405*
pour Gispen, 1928

Le Corbusier,
Pierre Jeanneret et
Charlotte Perriand,
Salle à manger ex-
posée au salon des
Artistes Décorateurs
à Paris, 1928

INTERNATIONAL STYLE

STYLE INTERNATIONAL

L'appellation Style International a été forgée en 1931 par Alfred H. Barr Jr., le directeur du Museum of Modern Art de New York. C'était le titre d'un catalogue, *The International Style: Architecture Since 1922,* qui accompagnait l'importante exposition conçue par Henry-Russell Hitchcock et Philip Johnson (1932). Dans l'œuvre de modernistes comme Le Corbusier, Jacobus Johannes Pieter Oud, Walter Gropius et Ludwig Mies van der Rohe, Barr reconnaît un style universel qui transcende les frontières nationales, situation inédite dans l'art et l'architecture occidentales depuis le Moyen Age, époque où le « gothique » s'est propagé dans toute l'Europe. Le nouveau mouvement du XXᵉ siècle est donc baptisé en référence à ce précédent. L'expression Style International désigne spécifiquement les œuvres des architectes et designers du **Mouvement Moderne** qui combinent fonction, technologie et formes géométriques pour produire une esthétique moderne épurée. Bien qu'elle ait parfois été utilisée pour décrire le modernisme initial (1900 à 1933) et l'œuvre de designers comme Adolf Loos et J. J. P. Oud, elle est aujourd'hui généralement associée à un genre de modernisme moins utilitaire apparu après la fermeture du **Bauhaus** en 1933. L'expression renvoie aussi au travail de Le Corbusier et de ses disciples qui, durant les années 1920 et 1930, ont développé une version plus élégante et moins austère du modernisme. Les figures les plus représentatives du Style International sont pourtant sans doute Ludwig Mies van der Rohe et Walter Gropius qui, après leur immigration aux Etats-Unis, ont inlassablement tenté d'« internationaliser » le Mouvement, non seulement dans leurs réalisations et expositions architecturales mais dans leur enseignement très influent en Amérique après la Seconde Guerre mondiale. Nombre de défenseurs du Style International ont adopté l'esthétique

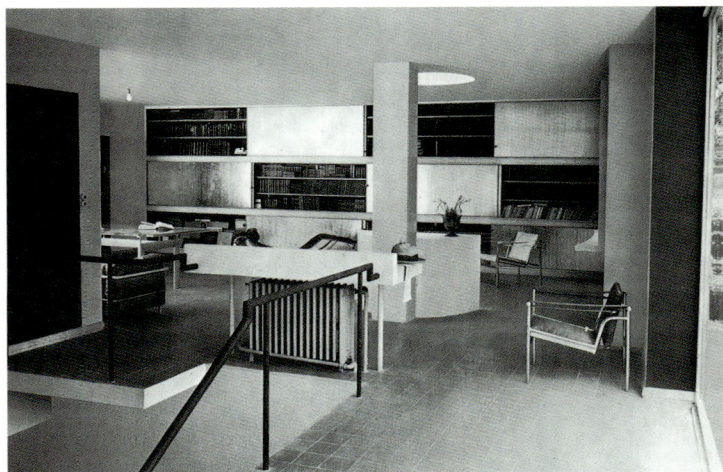

↑ **Le Corbusier,**
Pierre Jeanneret et
Charlotte Perriand,
Fauteuil *Basculant*,
modèle n° *B301*,
pour Thonet, vers
1928

Le Corbusier,
Bibliothèque dans le
presbytère de l'église
de Ville d'Avray,
1928–1929

Le Corbusier, Pierre Jeanneret et Charlotte Perriand, Chaise longue, modèle n° *B306,* pour Thonet, 1928 (rééditée par Cassina)

fonctionnaliste du Mouvement Moderne pour des raisons purement stylistiques. Chez d'autres, en revanche, la pureté esthétique était destinée à favoriser un plus grand universalisme de l'architecture et du design. Des designers d'après-guerre, surtout en Amérique, dont Florence Knoll, Charles Eames et George Nelson ont allié cette conception démocratique et moderne du design avec des méthodes de production industrielles en série afin de créer des produits correspondant à toutes les exigences d'un **Bon Design**. Dans les années 1920 et 1930, le Style International dans l'architecture et la décoration intérieure se caractérise par le formalisme géométrique, l'usage de matériaux industriels comme l'acier et le verre et une préférence générale pour un rendu blanc. Par la suite, certains architectes et designers comme Eero Saarinen et Charles Eames cherchent à humaniser le Style International en adoptant des formes sculpturales et en faisant contraster formes organiques et géométriques, alors que Kenzo Tange et d'autres poussent le Style International à ses limites logiques avec le Brutalisme, un style architectural qui privilégie des matériaux (béton) et des traitements de surface agressifs et une géométrie rigide. L'apparition du **Post-Modernisme** dans les années 1970 et 1980 sonne le glas du Style International. Mais à la fin des années 1980 et dans les années 1990, les bâtiments d'architectes comme Norman Foster et Richard Rogers, d'une grande technicité, connaissent un grand

Florence Knoll,
La *Florence Knoll*
Collection : fauteuil
1205S1, causeuse
1205S2, canapé à
trois places *1205S3*
et table *2511T* pour
Knoll International,
1954

succès. Or cette architecture reprend indéniablement les principes du Style International: puissance, élégance et clarté. Ces dernières années, on a aussi observé un retour à une esthétique rationnelle dans le design de produits et de meubles. Les fabricants semblent en quête de solutions globales et transculturelles, autre axiome du Style International. L'appellation renvoie donc à une période et à un courant spécifiques du Modernisme mais aussi à l'esthétique fonctionnaliste, dont les antécédents remontent aux tout débuts du Mouvement Moderne.

JUGENDSTIL

ALLEMAGNE

Otto Eckmann,
Vase en grès avec
monture de bronze,
vers 1900

Le Jugendstil, littéralement « style jeune », désigne une variante de l'**Art Nouveau** apparue en Allemagne dans les années 1890. L'appellation reprend le titre du magazine *Jugend,* fondé à Munich par Georg Hirth en 1896, qui contribua beaucoup à populariser ce nouveau style. Inspirés par les idées réformatrices de John Ruskin et William Morris, les designers Jugendstil comme Hermann Obrist, Richard Riemerschmid et August Endell sont animés d'un idéal qui les distingue des autres représentants du style Art Nouveau européen. Ils ne visent pas seulement à réformer l'art mais militent aussi en faveur d'un mode de vie plus simple et moins mercantile. Leur optimisme juvénile et leur vénération de la nature s'exprime puissamment dans leur travail. Comme leurs contemporains bruxellois et parisiens, les designers du Jugendstil s'inspirent du fonctionnement du monde naturel que les progrès de la science et de la technologie révèlent au grand public. Les motifs végétaux sinueux et les formes en « coup de fouet » qu'emploient par exemple August Endell et Hermann Obrist sont directement influencés par les dessins botaniques d'Ernst Haeckel et par les études photographiques de plantes de Karl Blossfeldt : la dissection de celles-ci révèle de remarquables motifs de croissance spiralés. La nouvelle vision de la nature qui ressort de ces études détaillées inspire aux designers Jugendstil une traduction artistique de la croissance organique dans leurs œuvres. En Allemagne, ce nouveau style anhistorique concurrence les conventions de l'art impérial officiel imposé par Berlin. Les régions qui souhaitent affirmer leur autonomie culturelle comme Dresde, Munich, Darmstadt, Weimar et Hagen accueillent donc le Jugendstil avec enthousiasme. Cette volonté d'indépendance artistique est certes perceptible dans d'autres grandes cités européennes comme Bruxelles, Nancy et même Glasgow, mais elle est sans doute plus profondément ressentie en Allemagne. Plus que leurs homologues Art Nouveau européens, les designers Jugendstil, ont cherché à combler le fossé existant entre « l'artisanat d'art » et la fabrication industrielle. Nombre d'ateliers qui ouvrent adoptent cette nouvelle esthétique et notamment les Vereinigte Werkstätten für Kunst im Handwerk (Ateliers Unis pour le Travail Artisanal) en 1897, et les Dresdener Werkstätten für Handwerkskunst (Ate-

August Endell, Projet
d'aménagement des
loges du Buntes
Theater de Berlin,
1901

liers Dresdois pour l'Artisanat d'Art) en 1898. Ils visent à fabriquer des objets et ustensiles domestiques de bonne qualité. Mais les objets produits
à Dresde, moins élaborés et donc moins onéreux que ceux fabriqués à Munich, demeurent trop chers pour une famille moyenne. Richard Riemerschmid, responsable du design des Ateliers Dresdois, adopte un style simple et
vernaculaire qui rappelle le travail de designers anglais Arts & Crafts comme
Charles Voysey. Il veut réformer le design par la **standardisation** et son introduction de méthodes de fabrication rationnelles aux Ateliers Dresdois est
décisive dans l'évolution qui mène à la création du **Deutscher Werkbund**.
Les Vereinigte Werkstätten für Kunst im Handwerk, fondés à Munich par
Bruno Paul et d'autres designers jouent aussi un rôle clé dans la propagation du Jugendstil. Paul dessine des illustrations et des dessins humoris-
tiques au trait appuyé pour la revue *Simplicissimus*, qui, comme le magazine
Jugend, popularise la nouvelle esthétique. Son style linéaire s'apparente à
celui de son collègue Bernhard Pankok, dont la maison Lange à Tübingen
(1902) est conçue comme une **Gesamtkunstwerk** (œuvre d'art totale). Comme les intérieurs Jugendstil, d'un modernisme stupéfiant dans leur simplicité, elle porte l'empreinte de l'esprit vernaculaire. A Darmstadt, la cause du
Jugendstil est ardemment défendue par le grand-duc Ernst-Ludwig de Hes-
se-Darmstadt qui est à l'origine de l'exposition « Ein Dokument Deutscher

Kunst» (Un Document d'Art Allemand) en 1901. L'exposition célèbre les réalisations artistiques de la Darmstädter Künstlerkolonie (Colonie d'artistes de
Darmstadt) fondée grâce aux subsides du grand-duc en 1899. La Darmstädter Künstlerkolonie se compose à l'origine de huit bâtiments dont la « Maison pour l'Art Décoratif», de Josef Maria Olbrich, un immeubles d'ateliers
d'artistes, et sept résidences destinées aux membres de la colonie. L'importance de la Colonie d'artistes de Darmstadt tient au nouveau style d'architecture civile qu'elle élabore, qui englobe le Jugendstil, mais aussi à son en-
gagement en faveur de l'artisanat d'art. A Weimar aussi, le développement
du Jugendstil doit son épanouissement à la fierté de ses citoyens autant
qu'à la nécessité économique – et à la générosité ducale. En 1860, le grand-
duc Karl Alexander de Saxe-Weimar subventionne sur ses fonds privés la
création d'une école d'art à Weimar. Le comte Harry Kessler persuade son
petit-fils, qui lui succède en 1901, d'engager l'architecte belge Henry van de
Velde comme conseiller artistique à la cour. La conviction que l'éducation
artistique stimulera l'économie locale incite finalement les autorités locales
à confier à van de Velde la réalisation de la Weimar Kunstgewerbeschule
(Ecole d'Arts Appliqués de Weimar) en 1904. Il dirige l'institution jusqu'en
1914 et, durant cette période, crée de nombreuses pièces d'orfèvrerie et des
céramiques Jugendstil remarquables par leur simplicité de formes. Le mariage d'innovation structurelle et de formes naturalistes abstraites qui caracté-

Coupe à couvercle,
vers 1900

→ **Ludwig von Zumbusch**,
Couverture du magazine *Jugend* publié à Munich, mars 1896

rise souvent l'architecture et le design Jugendstil engendre un étonnant mélange de monumentalité et de légèreté visuelle. Ce style, qui atteint son apogée vers 1900, va être supplanté peu après par le rationalisme industriel du Deutscher Werkbund fondé en 1907 par un groupe de designers et d'architectes Jugendstil. Celui-ci s'apparente nettement au mouvement anglais des **Arts & Crafts** par son engouement pour les formes naturelles et vernaculaires comme moyen de réformer le design et, au-delà, la société elle-même. Pourtant son adoption de méthodes de fabrication plus industrielles anticipe les développements futurs du design allemand. Le terme « Jugendstil » sert aussi à caractériser l'Art Nouveau scandinave.

Ferdinand Morawe,
Horloge pour les Vereinigte Werkstätten pour le Travail Artisanal, 1903

1896 · 21. MÄRZ · JUGEND · I. JAHRGANG · NR. 12

JUGEND

MÜNCHNER
ILLUSTR.
WOCHENSCHRIFT
FÜR KUNST & LEBEN.

QUARTALPREIS 3 MARK.
PREIS DER NUMMER 30 PFG.

VERLAG VON G. HIRTH, MÜNCHEN.

Herausgeber: Georg Hirth. — Redakteur: Fritz v. Ostini. — Alle Rechte vorbehalten.

KITSCH

Série de porte-
parapluies, fin des
années 1950

Le terme kitsch provient du verbe allemand « verkitschen » (galvauder) et
désigne des objets dont la vulgarité séduit un public populaire. Le Kitsch
a donc fini par signifier l'inverse du **Bon Design**. Ce terme qualifiait à l'origine des objets inutiles – souvenirs, bibelots et articles de fantaisie. L'une
des premières études sur le sujet est due au philosophe allemand Fritz
Karpfen qui publie en 1925 un ouvrage intitulé *Der Kitsch*. Il faut cependant
attendre *Kitsch and the Avant-garde*, un article du critique d'art américain
Clement Greenberg paru en 1939 pour que son sens s'élargisse et englobe
des éléments de la culture populaire contemporaine, comme la publicité
commerciale et la littérature à quatre sous. Dans les années 1950, le design
kitsch atteint son apogée avec la fabrication de copies bâclées qui n'ont
qu'une vague ressemblance avec les objets de qualité « supérieure » qui les
ont inspirées. On voit apparaître une quantité de produits banals et bon
marché, souvent en **plastique**, dont la séduction repose sur le clin d'œil et
une note d'humour. Ce phénomène relève à certains égards d'une réaction
contre la promotion institutionnelle et étatique du Bon Design. Dans les
années 1960, le Kitsch garde son sens péjoratif, mais avec les années 1970
débute l'utilisation ironique d'objets Kitsch – consciemment appréciés pour
leur mauvais goût – dans la décoration. Avec l'apparition du **Post-Modernisme** des années 1980, le Kitsch est salué pour son honnêteté culturelle et
ses tendances subversives. Dans sa dérision du « bon goût », le kitsch aura
ainsi fini par trouver un terrain commun avec l'**avant-garde**.

MEDICAL DESIGN

DESIGN MÉDICAL

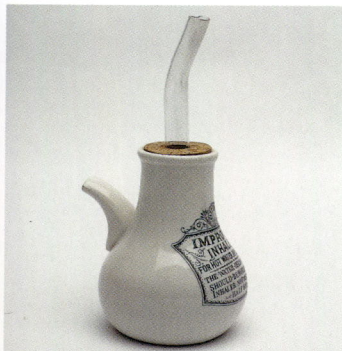

Inhalateur,
Angleterre,
fin du XIXᵉ siècle

Le design médical se subdivise en trois grandes catégories : les prothèses, les instruments destinés à administrer des médicaments et les appareils de diagnostics ou de soins. L'histoire de la médecine, se confond avec celle de l'invention et de l'amélioration des outils destinés à soigner patients et handicapés. Il faut pourtant attendre le début du XVIIIᵉ siècle, pour voir des études anatomiques précises commencer à influer sur la conception des équipements médicaux. A l'époque, les universités d'Edimbourg et de Glasgow sont à la pointe de la recherche anatomique et c'est un Ecossais, William Smellie qui invente le premiers forceps obstétrical dont les deux branches enveloppent délicatement la tête du bébé. Les forceps utilisés aujourd'hui dans les hôpitaux diffèrent d'ailleurs très peu de ceux mis au point par Smellie ce qui montre la pertinence de sa conception. Aux XVIIIᵉ et XIXᵉ siècles, l'industrialisation stimule la croissance des centres urbains et le développement des maladies infectieuses comme la tuberculose, la typhoïde et la diphtérie. Les affections respiratoires sont souvent aggravées par la pollution des fumées industrielles (charbon) ou domestiques (bois). Le brouillard épais (« fog ») courant dans de nombreuses grandes villes industrielles anglaises à la fin du siècle dernier a des effets très nocifs pour les populations et de nombreux foyers sont équipés d'un inhalateur en faïence qui offre une des meilleures formes de traitement médical des affections ORL avant l'avènement des antibiotiques. Les plus grands progrès sanitaires ne surviennent pas dans le domaine du design médical ou des nouveaux médicaments mais dans la réalisation de réseaux d'assainissements adaptés dès le milieu du XVIIIᵉ siècle. On assiste à la même époque au développement d'armes modernes produites industriellement, d'où la nécessité d'équipements et notamment de prothèses pour les infirmes (voir **Design pour Handicapés**). Depuis le début du XXᵉ siècle, les progrès technologiques et leurs applications ont permis de

Forceps obstétrical,
vers 1820 –
basé sur l'invention
révolutionnaire de
William Smellie
(1752)

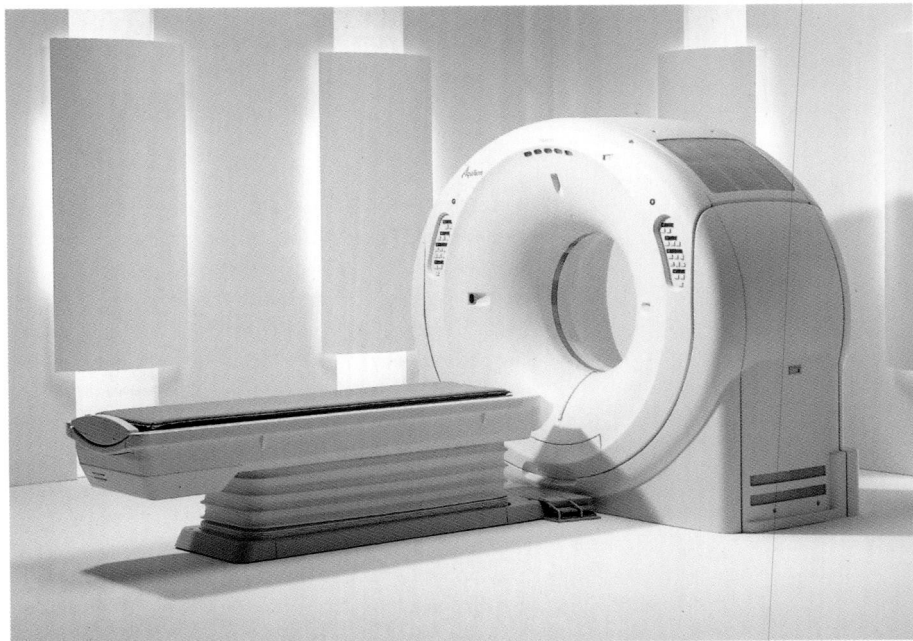

Masahiko Kitayama,
CT Scanner *Aquilion*
pour Toshiba, 1997

sauver de nombreuses vies dans le domaine médical (qu'on pense, par exemple, aux équipements à rayons X). Quand une nouvelle catégorie d'équipements médicaux apparaît, elle est souvent décevante sur le plan du design
parce qu'elle résulte d'une réflexion presque uniquement centrée sur la technologie. Au fur et à mesure que cette catégorie évolue, son design reflète le besoin
d'une plus grande convivialité et d'un meilleur confort psychologique. Le scanner cérébral apparu en 1970–1971 s'est métamorphosé avec le temps, comme
le prouve l'*Aquilion* CT (1997) **soft-tech** conçu par Masahiko Kitayama pour
Toshiba. Les designers travaillent aussi à des instruments médicaux plus performants, témoin l'injecteur sans aiguille de Weston Medical ou l'inhalateur
HandiHaler (1995) destiné aux asthmatiques, de Kinneir Dufort pour Boehrin-
ger. L'essentiel des efforts actuels des designers portent sur l'être humain et
l'on a vu apparaître ces dernières années toute une série de prothèses biocom-
patibles capables de remplacer des organes défectueux ou d'en pallier les dis-
fonctionnements, des pacemakers aux prothèses de la hanche high-tech en
céramique. Designers et fabricants, de plus en plus conscients de l'impact psychologique de l'aspect de leurs équipements sur les patients, cherchent à optimiser cet impact pour améliorer les vertus thérapeutiques de leurs produits.

MEMPHIS

FONDÉ EN 1981
MILAN, ITALIE

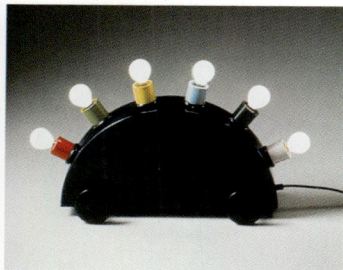

Martine Bedin,
Lampe *Super* pour
Memphis, 1981

Memphis est fondé à Milan en 1981 pour revivifier le mouvement du **Design Radical**. A la fin des années 1970, des designers italiens d'**avant-garde**, comme Ettore Sottsass, Andrea Branzi et Alessandro Mendini, s'engagent avec des membres de Studio Alchimia dans une démarche de design alternatif motivée par des considérations intellectuelles et artistiques. Mendini qui se fait le chantre du « redesign » et du « design banal » imprime une marque très reconnaissable aux créations de Studio Alchimia mais Sottsass, qui trouve cette démarche trop restrictive pour la création, finit par se séparer du groupe. Le 11 décembre 1980, il réunit chez lui quelques designers: Barbara Radice, Michele De Lucchi, Marco Zanini, Aldo Cibic, Matteo Thun et Martine Bedin pour discuter du design et de la nécessité d'une nouvelle démarche créative. Ils décident de s'associer et le groupe se baptise Memphis d'après une chanson de Bob Dylan intitulée « Stuck Inside of Mobile with the Memphis Blues Again », qui était passée plusieurs fois pendant la soirée. Memphis fait aussi référence à la capitale de l'ancienne civilisation égyptienne et à la ville natale d'Elvis Presley: c'est donc un nom codé. Le groupe, qu'ont

Masanori Umeda,
Ring de boxe-coin
causerie *Tawaraya*
pour Memphis, 1981

Ettore Sottsass,
Bibliothèque *Carlton*
pour Memphis, 1981

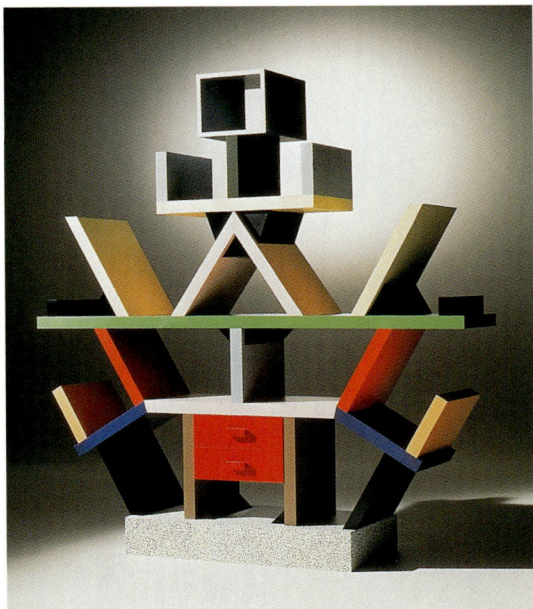

rejoint entre-temps Nathalie du Pasquier et George Sowden, se réunit à nouveau en février 1981. A l'époque, ses membres ont réalisé une centaine de projets colorés et audacieux puisant leur inspiration dans des thèmes futuristes ou des styles décoratifs passés comme l'**Art Déco** et le **Kitsch** des années 1950, avec la volonté arrêtée de tourner en dérision les prétentions du **Bon Design**. Ils se lancent dans le projet, cherchent des fabricants de mobilier et de céramiques prêts à produire leurs objets en petites séries. Le groupe persuade la société Abet de fabriquer de nouveaux stratifiés imprimés de motifs très colorés inspirés du Pop Art, de l'Op Art (art optique) ou de l'imagerie électronique, et de réaliser affiches et supports promotionnels. Le directeur d'Artemide, Ernesto Gismondi, prend dès lors la tête de Memphis et, le 18 septembre 1981, le groupe présente son travail pour la première fois dans les locaux d'Arc '74 à Milan. Les meubles, luminaires, horloges et céramiques exposés par Memphis ont été imaginés par un éventail de designers et d'architectes internationaux, Hans Hollein, Shiro Kuramata, Peter Shire, Javier Mariscal, Massanori Umeda et Michael Graves. Les produits Memphis font sensation, sans que cet enthousiasme doive rien à son **Anti-Design** véhément, et, la même année, paraît l'ouvrage *Memphis, The New International Style*, destiné à faire connaître le travail de ses designers. Arte-

Affiche pour l'exposition « Memphis Milano in London » organisée à la Boilerhouse, Victoria & Albert Museum, 1982

mide qui fabrique les objets réalisés en 1982 par Memphis leur consacre un
espace d'exposition dans ses locaux de Corso Europa à Milan. De 1981 à
1988, Barbara Radice est directrice artistique de Memphis et organise des
expositions à Londres, Chicago, Düsseldorf, Edimbourg, Genève, Hanovre,
Jérusalem, Los Angeles, Montréal, New York, Paris, Stockholm et Tokyo.
Nombre de créations monumentales de Memphis utilisent des stratifiés
plastiques colorés, matériau privilégié du fait de son « manque de culture ».
L'exubérance, l'excentricité et l'ornementation des produits maison témoignent d'un farouche rejet du Modernisme, point de départ des membres
du groupe. Les thèmes hybrides et les citations obliques des styles passés
qu'affectionne Memphis engendrent un nouveau vocabulaire de design
post-moderne. Le groupe a toujours admis que ses créations relevaient
d'une « mode », éphémère en tant que telle, et en 1988, quand sa popularité
commence à décliner, Sottsass le dissout. Malgré sa brève existence, Memphis, avec sa vitalité juvénile et son humour, a joué un rôle décisif dans l'internationalisation du **Post-Modernisme**.

Ludwig Hohlwein,
Affiche pour la
Motorenfabrik Ober-
ursel, Allemagne,
années 1910

MILITARY DESIGN

DESIGN MILITAIRE

Le progrès technologique entraîne une amélioration constante de l'efficacité des armes et des matériels militaires, mais les critères premiers du design militaire sont restés inchangés depuis des siècles : durabilité, solidité, adaptation à l'objectif visé, fonctionnalité, facilité de transport, simplicité d'entretien et de réparation, construction rationalisée, c'est-à-dire standardisée. La qualité de fonctionnement d'une arme est d'évidence cruciale dans toute guerre et il est donc vital de pouvoir bénéficier des derniers développements techniques pour prendre l'avantage sur un ennemi. Ce constat est le moteur essentiel des progrès du design militaire, domaine qui se subdivise en cinq catégories principales : les armes offensives, les armes défensives, les moyens de transport, les systèmes de communication et les systèmes de détection. Les avancées technologiques du XIXᵉ siècle, le chemin de fer et le télégraphe, ont joué un rôle décisif dans l'art de la guerre, mais la conception proprement dite des armes a très peu évolué durant cette période. Nombre de techniques modernes de fabrication ont cependant trouvé leurs premières applications dans la fabrication d'armement léger. En 1800, Eli Whitney met au point un mousquet dont les pièces sont interchangeables, annonçant l'avènement de la **standardisation** industrielle,

Major Wilson et
Sir William Tritton,
Char *Big Willie*, 1915

tandis que d'autres fabricants d'armes de petit calibre américains comme Springfield Armory se lancent dans la production en série, en utilisant les techniques de mécanisation et de division industrielle du travail. La production industrielle a révolutionné la nature des conflits armés. A cet égard, la guerre de Sécession américaine représente sans doute le premier conflit moderne. Au moment du déclenchement de la Première Guerre mondiale, l'armement est devenu assez sophistiqué et beaucoup plus destructeur. La guerre de 1914–1918 est le théâtre de nombreuses premières, utilisation d'armes chimiques (comme l'ypérite ou gaz moutarde), bombardements aériens, sous-marins et tanks. Ce conflit reste toutefois essentiellement une confrontation d'artilleurs où les canons de campagne Howitzer à tir vertical surpassent nettement les anciens modèles de canon à tir plongeant. C'est aussi en 1914–1918 qu'ont été introduits les mortiers de tranchée et les premiers systèmes de radio-communication. Durant la Seconde Guerre mondiale, les armements inventés deux décennies plus tôt enregistrent des progrès considérables. Les systèmes de communication sont de plus en plus sophistiqués. L'invention du porte-avions change complètement les règles de la bataille navale, tandis que la conception des moyens de combat aériens évolue en se spécialisant. Les bombardiers diurnes comme le *B-17 Flying Fortress* de Boeing (1934– 1935) nécessitent par exemple le développement de

Fabrique d'obus,
Grande-Bretagne,
vers 1915

chasseurs d'escorte à long rayon d'action comme le *P-51 Mustang* de North American (1940). Les tanks jouent aussi un rôle important dans la manœuvrabilité des troupes et la possibilité d'enfoncer les lignes ennemies. Grâce à son excellent blindage et à sa puissance de feu, le tank russe *T-34* s'est avéré une des armes les plus performantes de la Seconde Guerre mondiale. Par la suite, le développement des armes nucléaires et le déclenchement de la Guerre Froide ont entraîné une énorme prolifération d'armes et de systèmes d'armes. L'intégration économique globale, alliée aux progrès de la démocratie un peu partout dans le monde sont en train de rendre les guerres et la fabrication d'armements non rentables, déraisonnables et inutiles. L'effondrement de l'Union soviétique a menacé de déstabiliser cette alliance – mais l'armée de l'air américaine avait déjà mis la main sur la génération très onéreuse d'avions de combat et bombardiers « furtifs » indétectables par radar. Depuis cette époque, cependant, l'armée américaine et ses fournisseurs ont réussi à faire valoir que les menaces post-guerre-froide requièrent de nouveaux systèmes d'armement. Les conflits en Iraq, en Afghanistan et dans les Balkans ont accéléré le développement de munitions « intelligentes » et d'avions de reconnaissance sans pilote. C'est avant tout dans l'utilisation à des fins militaires des techniques de télécommunications et d'imagerie que des bonds en avant ont été réalisés, grâce à des technologies satellitaires puissantes. On dispose désormais dans les postes de commandement américains de l'affichage en temps réel de toutes les informations de terrain.

MINIATURIZATION

MINIATURISATION

Gerhard Fuchs,
Lunettes *Titan*
Minimal Art Model
7373 pour Silhouette,
1999

L'évolution de la technologie à l'ère industrielle va de pair avec une tendance croissante à la miniaturisation. Les avantages de celle-ci concernant les produits manufacturés sont évidents : poids, volume, coût de production unitaire pour le fabricant, prix de vente au détail, volume de déchets rejetés dans la nature, tous ces facteurs peuvent être sensiblement minorés. Il n'est pas étonnant que les industries automobiles et aéronautiques aient été parmi les premières à explorer les possibilités de la miniaturisation. La *Coccinelle* de Volkswagen (1934), la Fiat 500 (1936), la Fiat *Nuova 500* (1957) et la *Mini* d'Alec Issigonis (1959) figurent ainsi parmi les plus petites voitures fabriquées en leur temps mais aussi parmi les moins chères et les plus populaires. Les progrès extraordinaires effectués dans le domaine des semi-conducteurs depuis quelques décennies ont permis une miniaturisation spectaculaire des produits d'électronique grand public. L'année 1947 voit la mise au point du premier transistor par John Bardeen, Walter Brattain et William Shockley dans les laboratoires Bell Telephone, préfigurant ce que beaucoup considèrent comme une « seconde révolution industrielle ». A la fin des années 1950, le transistor est si perfectionné qu'il remplace graduellement le tube à faisceaux d'électrons, ce qui permet la fabrication d'appareils électroniques plus compacts, telle la première radio à transistors de poche lancée par Sony en 1957. Autre tournant décisif, l'invention du premier circuit intégré par Jack St. Clair Kirby chez Texas Instruments en 1958. La technologie révolutionnaire des micro puces permet elle aussi de fabriquer des appareils plus compacts, donc plus faciles à manier, à transporter et à stocker. La calculatrice de bureau encombrante est rapidement remplacée par des modèles de poche tandis que l'unité centrale de la fin des années 1950, qui occupait une pièce entière se réduit au début des années 1980 à l'ordinateur de bureau pour rétrécir encore au début des années 1990, début de l'ère des portables. Aujourd'hui nous sommes entourés de ver-

Caméra-bracelet
Model WQv-1 pour
Casio, 2000

sions « mini » de tous les produits possibles, des micro-véhicules comme la *Smart* (1998) aux appareils photo numériques (2000) de Casio qui se portent au poignet. Ce type de design minimaliste est aussi rendu possible par les nouveaux matériaux, tel le fil de titane, solide et léger qu'emploie l'opticien Silhouette pour la monture de certains de ses modèles. Avec le développement rapide de l' « électronique moléculaire » et des nanotechnologies, la réduction de la taille des appareils électroniques ouvre la porte à de toutes nouvelles catégories de produits et de systèmes d'information ultra miniaturisés. On a ainsi pu prédire qu'au XXIe siècle toutes les catégories d'objets de la vie quotidienne seraient informatisées à des degrés divers.

MODERN MOVEMENT

MOUVEMENT MODERNE

Christian Dell,
Cafetière, vers
1929/1930

Christian Dell,
Lampe de bureau
Rondella pour
Rondella, 1927–1928

Le Mouvement Moderne, dans le design, est guidé par une idéologie progressiste et sociale dont les origines remontent au milieu du XIXᵉ siècle et à la croisade de réformateurs comme A. W. N. Pugin, John Ruskin et William Morris. Ces pionniers, considérant le style victorien tardif dominant comme l'expression d'une société corrompue par la cupidité, la décadence et l'oppression, se sont efforcés de réformer la société par une rénovation du design. Malgré son rejet d'une production industrielle au profit de l'artisanat, Morris est parmi les premiers à mettre ses théories en pratique en réalisant des objets domestiques intelligemment conçus et d'une facture de qualité. Ses idées réformatrices ont eu un impact décisif sur le développement du Mouvement Moderne: priorité à l'utilité, à la simplicité, à l'adéquation et rejet du luxe; obligation morale des designers et des fabricants de produire des objets de qualité ; conviction que le design peut et doit être utilisé comme un instrument de transformation sociale. Ses idées ont stimulé la formation de guildes artisanales et d'ateliers en Angleterre, en Allemagne et aux Etats-Unis, trois pays en pointe dans la fabrication industrielle. Peu à peu les réformateurs prennent conscience que la machine est un moyen en vue d'une fin et que le processus industriel doit être adopté sans réserves dans l'intérêt même de la réforme. La fondation du **Deutscher Werkbund** en 1907 marque un tournant: c'est le moment où l'idéologie réformatrice admet la nécessité de la production industrielle. Les

membres du Deutscher Werkbund élaborent une nouvelle conception du design, extrêmement rationnelle, qui élimine l'ornementation et insiste sur le **fonctionnalisme**. Le dépouillement du décor permet la simplification, une meilleure **standardisation** des éléments, et donc une productivité accrue. Ce gain de productivité bénéficie à la fois au consommateur et au fabricant en ce qu'il permet d'améliorer la qualité de la fabrication et des matériaux utilisés. Le langage universel qui résulte de cette esthétique épurée se veut au-dessus des modes. Le célèbre opuscule d'Adolf Loos *Ornament und Verbrechen* (Ornement et Crime), paru en 1908, met en évidence le rapport entre ornementation excessive et corruption sociale, tandis qu'une publication ultérieure du Werkbund de 1924 intitulée *Form ohne Ornament* (Forme sans

Alvar Aalto, Fauteuil *Model n° 31* pour Huonekalu-ja Rakennustyötehdas (plus tard produit pour Artek), 1930–1931

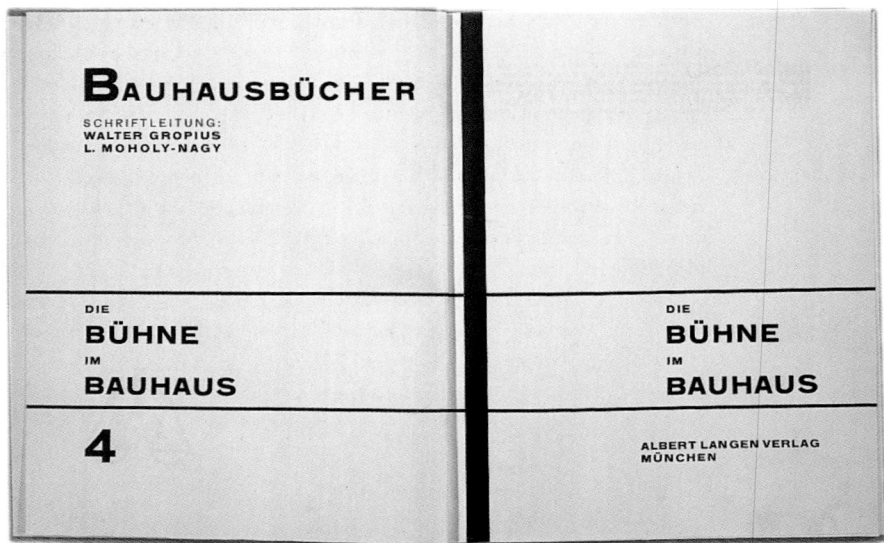

BAUHAUSBÜCHER

SCHRIFTLEITUNG:
WALTER GROPIUS
L. MOHOLY-NAGY

DIE
BÜHNE
IM
BAUHAUS

4

DIE
BÜHNE
IM
BAUHAUS

ALBERT LANGEN VERLAG
MÜNCHEN

László Moholy-Nagy, Pages de titre pour le Bauhausbuch 4 « Die Bühne im Bauhaus » (Cahier du Bauhaus n° 4, « Le Bauhaus et le théâtre ») de Walter Gropius et László Moholy-Nagy, 1925

ornement) illustre les vertus de la simplicité rationnelle pour les objets produits en série. Ce rejet de l'ornement est aussi un des credo de **De Stijl**, tandis que **Constructivisme** et **Futurisme** célèbrent la machine et le concept de « production artistique ». Après les ravages de la Première Guerre mondiale, des designers comme Walter Gropius reconnaissent l'impératif moral du Modernisme. Gropius devient le premier directeur du **Bauhaus**, fondé en 1919 pour unifier les arts et mettre en pratique les idées des pionniers du Modernisme. Institution-phare du design du XXe siècle, le Bauhaus a eu un énorme impact sur le développement du Mouvement Moderne par sa promotion du fonctionnalisme, des méthodes industrielles de production et des matériaux de pointe – comme le **métal tubulaire**. L'efficacité fonctionnelle des architectures d'intérieurs, des meubles, des **céramiques**, des objets de métal et des graphismes du Bauhaus a engendré un vocabulaire de design cohérent devenu synonyme de Modernisme. Le terme allemand Sachlichkeit (Objectivité) décrit cette nouvelle conception rationnelle du design. Quoi qu'il en soit, vers 1927, quand la « Werkbund-Ausstellung » a lieu à Stuttgart, on assiste à la naissance d'un **Style International** moderniste clairement identifiable qui présente trois particularités : minimalisme, industrialisme et formes orthogonales. Le Corbusier joue un rôle décisif dans la promotion de cette esthétique mécanique bien que ses projets soient nettement moins utilitaires que ceux qui émanent du Bauhaus. Dans les années 1930, le Style International se laisse influencer par les modes et ses critiques considèrent qu'il a perdu de vue les objectifs sociaux du Modernisme. Ses représentants poussent l'abstraction géométrique à ses limites ultimes et exploitent des matériaux industriels et un vocabulaire formel austère à des fins stylistiques. Le Modernisme tend à oublier ses fondements éthiques jusqu'à l'apparition de la relève scandinave et surtout d'Alvar Aalto, précurseur d'un modernisme convivial avec son **Design Organique**. Le travail d'Aalto est bien accueilli en Angleterre et aux Etats-Unis et pousse une nouvelle génération de designers modernistes comme Charles et Ray Eames à poursuivre une démarche globale et organique du design en privilégiant technologies et matériaux de pointe. Les réalisations et la pertinence des présupposés du Modernisme ont fait l'objet de controverses pendant des décennies mais on ne peut lui dénier une ambition démocratique.

Alvar Aalto,
Salle de conférences
et de débats de la
bibliothèque de
Viipuri, 1930–1935

Walter Dorwin Teague, Intérieur
du pavillon Ford à l'Exposition
Universelle de New York, 1939

MODERNE

En design, le terme Moderne renvoie à une forme d'**Art Déco** stylistiquement influencée par le **Mouvement Moderne**. Le style Moderne est devenu populaire en Europe dans les années 1920 et 1930, mais c'est aux Etats-Unis qu'il a connu sa plus grande vogue. A cette époque, les représentants de ce style, Walter Dorwin Teague et Raymond Loewy, inventent le **Style Streamline** et privilégient les surfaces au fini métallique ou chromé brillant pour donner à leurs produits une apparence ostensiblement moderniste. Ce style moderne luxueux se distingue aussi souvent par des formes géométriques massives inspirées de la **Wiener Werkstätte**. Les intérieurs et le mobilier somptueux imaginé par Donald Deskey incarnent ce style et sont souvent le résultat de commandes de riches clients privés ou de grandes sociétés. L'architecture d'intérieur et le mobilier du Radio City Music Hall (1932–1933), que signe Deskey, reflètent aussi le mariage entre le style moderne et le prestige des décors du cinéma naissant. Les décors somptueux, miroitants et chromés, des films hollywoodiens ont joué un rôle majeur dans la popularisation du style moderne. L'opulence et l'optimisme inhérent à ce style offrent un refuge illusoire contre les ravages de la grande crise et finissent par symboliser le Rêve Américain. L'énorme impact du style moderne aux Etats-Unis est responsable des nombreuses différences qui opposent encore aujourd'hui le stylisme des produits européens et américains. Bien des aspects décoratifs de ce style ont connu un regain de popularité grâce au **Post-Modernisme** et au design rétro de la fin du XXe siècle.

ORGANIC DESIGN

DESIGN ORGANIQUE

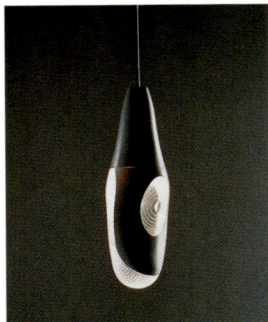

Ross Lovegrove,
Suspension *Pod*
pour Luceplan,
1996–1997

Le Design Organique est une approche globale et conviviale du design inauguré en architecture à la fin du XIXᵉ siècle par Charles Rennie Mackintosh et Frank Lloyd Wright. Leur méthode de travail suppose des réalisations totalement intégrées, autrement dit des **Gesamtkunstwerke**, des solutions architecturales où le tout, et l'effet qu'il produit, est plus important que la somme de ses parties. L'esprit organique vise à restituer, au moins partiellement, l'esprit de la nature. Dans cette perspective, l'adéquation visuelle et fonctionnelle entre éléments individuels – objets et mobilier – et le contexte architectural dans lequel ils s'inscrivent est cruciale. Tout aussi importante est l'adéquation visuelle et fonctionnelle entre décoration intérieure et conception architecturale d'une part et, d'autre part, l'intégration du bâti dans son environnement par l'harmonie des proportions et un choix pertinent des matériaux et des couleurs. Cohérence globale et esprit naturaliste sont donc au centre de l'architecture organique qui, en revanche, utilise rarement des formes organiques. Ce n'est qu'à la fin des années 1920 et au début des années 1930 qu'Alvar Aalto, l'un des grands avocats du Design Organique développe un

Alvar Aalto, Chaise
longue, modèle
nº 43, pour Artek,
1936

vocabulaire formel convivial et moderne. Les courbes douces et fluides de ses sièges en contreplaqué moulé et laminé s'opposent au formalisme géométrique rigide du **Style International**. Comme celles des architectes antérieurs d'esprit organique, les réalisations d'Aalto relèvent d'une conception globale, mais son souci principal n'est pas tant la transcendance spirituelle que les relations fonctionnelles, intellectuelles et émotionnelles qu'entretiennent les utilisateurs de son mobilier avec celui-ci. Aalto considérait le bois comme « le matériau inspirateur de forme, profondément humain » et rejetait les matériaux industriels aliénants comme le **métal tubulaire**, alors privilégié par l'**avant-garde** des designers européens. Le succès du mobilier et des idées d'Aalto fut si grand, notamment aux Etats-Unis, qu'il apparaît comme le principal, et pratiquement seul responsable de l'évolution du design vers le Modernisme organique. En 1940, Eliot Fette Noyes organise un important concours sur le thème du « Design Organique dans l'Equipement de la Maison » au Museum of Modern Art de New York pour encourager cette nouvelle conception plus réfléchie du design. Dans le catalogue de l'exposition, Noyes définit le Design Organique comme « une harmonieuse organisation des parties à l'intérieur du tout, selon la structure, le matériau et le but visé. Cette définition exclut toute vaine ornementation, tout superflu, mais la part de la beauté n'en est pas pour autant amoindrie, dans le choix du matériau, le raffinement visuel et l'élégance rationnelle des objets, compte tenu de l'usage auxquels ils sont destinés. » (Catalogue *Organic Design in Home Furnishings*, Museum of Modern Art, New York, 1941). Dans la catégorie « Seating for a Living-Room » (sièges pour un living-room), les réalisations d'Eero Saarinen et Charles Eames, qui remportent le premier prix, figurent parmi les modèles de meubles les plus importants du XXᵉ siècle: leurs fauteuils sont révolutionnaires, non seulement du fait de la technologie de pointe employée pour leur coque monobloc en contreplaqué moulé mais aussi à cause de l'étude ergonomique très poussée de la forme de cette coque qui débouche sur le concept de soutien et de contact total. Ces modèles ont eu une influence énorme et frayé une voie totalement neuve pour le design de meubles. Ils témoignent de l'effort des designers pour atteindre un idéal d'unité organique du design, en termes de structure, de fonction et de matériaux, témoins les modèles décisifs de chaises en contreplaqué moulé de Charles et Ray Eames (1945–1946), le prototype *La Chaise* à la forme « molle » (1948), la série de chaises *Plastic Shell* (1948–1950), les sièges *Womb* d'Eero Saarinen (1947–1948) et la série de sièges et de tables *Pedestal Group* (1955–1956). Les applications pratiques du Design Organique ont eu aussi un impact significatif sur l'architecture de Saarinen dans les années 1950 et en particulier sur son chef-d'œuvre, le Terminal de la TWA (1956–1962, Aéroport Kennedy), un des plus remarquables bâtiments

Maurice Calka,
Bureau *Boomerang*
pour Leleu-Deshays,
1970

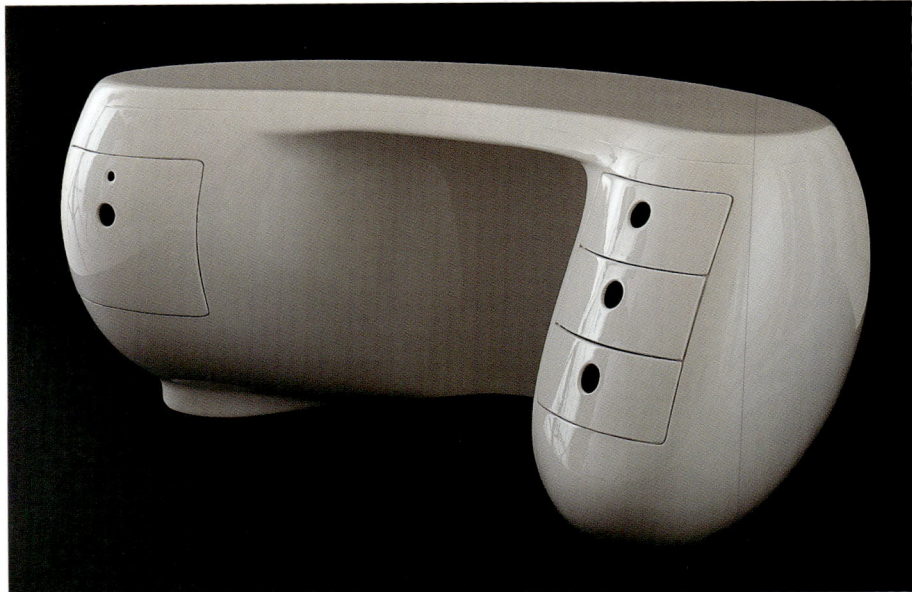

du XXᵉ siècle. Tout en stimulant l'apparition et la propagation du **Biomor-phisme**, le succès du Design Organique dans les années d'après-guerre à continué à inspirer les créations organiques et très sculpturales de designers des années 1960 et 1970 comme Maurice Calka, Pierre Paulin et Olivier Mourgue. Au début des années 1990, stimulé par la collation plus rigoureuse de données anthropométriques et ergonomiques et par les progrès réalisés dans le design et la **fabrication assistés par ordinateur**, le Design Organique opère un spectaculaire retour en force. Comme Eames et Saarinen, les designers industriels actuels comme Ross Lovegrove, cherchent à inventer des objets organiques légers en recourant aux matériaux et aux technologies les plus avancés. Le Design Organique est souvent associé à des matières naturelles, mais c'est le **plastique**, le plus artificiel des matériaux, qui s'avère le médium le plus fidèle à l'essence de la nature – et le plus fonctionnel parce que le plus malléable : ses formes restent les plus adaptées à la morphologie humaine. C'est sans doute quand son vocabulaire sensuel nous touche inconsciemment et sollicite émotionnellement notre sens inné de la beauté naturelle que le Design Organique atteint son impact maximal.

PACKAGING

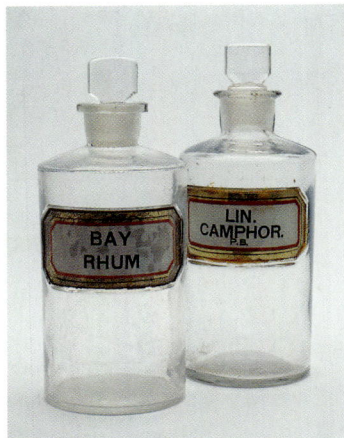

Pots à pharmacie,
XIXᵉ siècle

Günter Kupetz, Bouteille d'eau
minérale, 1969 – ce modèle allemand classique (comme la bouteille
de lait anglaise) qui sert aussi pour
l'orangeade et la limonade a été
efficacement recyclé durant plusieurs
décennies. Il a reçu un prix Gute
Form pour son design en 1973

Depuis que le commerce existe, conditionnement et emballage servent à préparer les marchandises pour assurer
transport, stockage et vente dans les meilleures conditions
possibles. Dans la seconde moitié du XIXᵉ siècle, l'importance du conditionnement augmente spectaculairement
quand il commence à servir aux fabricants occidentaux
comme moyen d'asseoir la notoriété de la marque (voir
Stratégie de Marque). A l'époque, bouteilles et bocaux de
verre, pots de céramique, boîtes en fer blanc sont
agrémentées d'étiquettes, de noms de marques, de logos
et de réclames qui vantent souvent les qualités du produit
de manière hyperbolique. Au début du XXᵉ siècle, les techniques de conditionnement deviennent plus élaborées et
nombre de grandes sociétés commandent à des graphis-
tes en vue des graphismes accrocheurs s'inscrivant souvent dans le cadre d'un programme d'**identité visuelle**.
L'emballage aux couleurs vives de Lucian Bernhard destiné
aux bougies Bosch et les graphismes audacieux d'Alfred
Runge et Eduard Scotland sur les boîtes de café Hag, par
exemple, ont contribué à différencier les produits de ces
marques et à imposer leur notoriété. Dès les débuts de
l'industrie alimentaire moderne et de la grande distribution, le conditionnement a joué un rôle crucial pour pro-
téger les marchandises des risques inhérents à la manu-
tention, au transport et aux intempéries. S'il doit présenter
le produit sous une forme pratique pour le fabricant, le
distributeur et le consommateur, l'emballage a aussi pour
mission de séduire ce dernier tout en étant facilement
identifiable. D'une fabrication simple et peu coûteuse pour
ne pas alourdir le prix des produit, les conditionnements
modernes doivent enfin être infalsifiables et satisfaire aux
normes écologiques. A mesure que les consommateurs
connaissent mieux les marques, le design graphique du
conditionnement et de l'emballage se systématise de plus

Alfred Runge & Eduard Scotland, Boîtes de café en fer blanc pour Kaffee Hag, v. 1910

en plus, chaque famille de produits se voyant attribué un style graphique propre. Exemple éloquent de cette démarche, le design de conditionnement de Lewis Moberley pour Boots the Chemist. La clarté graphique de ce programme complètement intégré donne à tous les articles de la marque, qu'il s'agisse d'aliments basses calories ou de détergents, une cohérence visuelle et une image de marque fortes. Avec l'accroissement constant de l'éventail de produits offerts par les supermarchés et le renforcement de la compétition entre les marques, « l'impact sur linéaire » est donc devenu un critère essentiel de la conception de l'emballage. La couleur, la typographie et la stratégie de marque ne sont que quelques uns des outils employés pour attirer l'attention du consommateur confronté aux différents produits. Mais la conception du conditionnement est plus importante que le message imprimé sur ce dernier. Le conditionnement alimentaire, notamment, doit être conçu pour optimiser la conservation des aliments et empêcher qu'ils s'altèrent (chocs et intempéries). La fermeture est particulièrement importante : la technique d'obturation doit être mécaniquement sûre et hygiénique. L'un des plus éminents précurseurs dans ce domaine du conditionnement fut Ruben Rausing fondateur de Tetra Pak en 1951. Il estimait que le conditionnement devait procurer une hygiène optimale pour une consommation minimale de matériau. Il est arrivé à ce résultat en mettant au point un tétraèdre de carton recouvert d'un film de polyéthylène.

Lewis Moberley,
Ligne de condition-
nements pour la
gamme Boots
Laundry, vers 1995

Dans les années 1950 et 1960, les **plastiques**, solides, hygiéniques et bon marché ont remplacé peu à peu, sous différentes formes, les conditionnements en
céramique et en verre. On trouve ainsi des emballages en polystyrène, polypropylène, polyéthylènes à basse et haute densité, polychlorure de vinyle, polytéréphtalate d'éthylène-glycol. Grâce à leur exceptionnelle longévité, à leur
légèreté, à leur souplesse et à leurs qualités isolantes, les plastiques sont particulièrement adaptés au conditionnement des liquides, des aliments péris-
sables, des emballages pressurisés et des récipients alimentaires destinés à
être congelés ou bouillis. Malgré leurs multiples usages, les plastiques ne représentent (en volume) que 14 % de l'ensemble des conditionnements dans les
déchets solides ménagers. Avec une part de 50 % (le conditionnement alimentaire en représentant la moitié) le carton, constitue le principal matériau d'emballage. Léger, peu onéreux, facile à fabriquer, à imprimer et à trier, le carton
d'emballage est disponible dans une large gamme de dimensions et de formes.
Les récipients métalliques, acier étamé et **aluminium**, représentent 16 % des
matériaux d'emballage et servent eux aussi surtout au conditionnement alimentaire. Extrêmement résistants à la corrosion chimique et à l'usure mécanique,
les récipients en fer blanc servent aussi au conditionnement de peintures, solvants et conservateurs ainsi qu'à la fabrication d'aérosols. Plus léger et mallé-

Pethick & Money, Gamme d'emballages de fast-food *Flexible Food Wrap*, 1996 – couronnée par deux prix de design de la BBC, elle permet une sensible réduction des déchets

able, l'aluminium sert surtout à la fabrication de capsules et de canettes à ouverture simplifiée. Les récipients en verre, faciles à fabriquer en série et réutilisables représentent environ 20 % des déchets ménagers solides. Le verre est un matériau résistant à la corrosion, durable, hygiénique et donc idéalement adapté au conditionnement d'aliments solides et liquides, de cosmétiques et de médicaments. Les fabricants ont aujourd'hui tendance à trop privilégier l'emballage, essentiel pour la protection et la promotion des marchandises, car ils le considèrent comme un moyen peu onéreux d' «ajouter de la valeur» à leurs produits. En Europe, la part des conditionnements représente environ 25 à 35 % du poids total des déchets ménagers. Malgré la pollution écologique de plus en plus grave qu'entraînent ces déchets, aucune véritable solution n'a encore été mise sur pied pour les minimiser. Les gouvernements seront cependant inévitablement appelés à prendre des initiatives et à mettre en place des programmes associant recyclage, réutilisation et réduction des matériaux d'emballage. Comme le démontre le *Flexible Food Wrap* conçu par Pethick & Money pour les fast-food, l'allègement ou la réduction du format des conditionnements constitue un enjeu essentiel de la diminution des déchets. Consommateurs, designers, industriels et gouvernements devront repenser radicalement la nature du conditionnement pour minimiser les déchets et préserver les ressources.

Briquets jetables
BIC, années 1990

PLANNED OBSOLESCENCE

OBSOLESCENCE PLANIFIÉE

L'obsolescence planifiée est un débat brûlant, qui renvoie aux problèmes les plus cruciaux du consumérisme, du **design industriel** et de la viabilité de notre système économique. L'obsolescence planifiée, s'est imposée comme une des caractéristiques essentielles de l'économie américaine des années 1950 : elle consiste à limiter délibérément la durée de vie d'un produit afin de pousser les consommateurs à consommer encore plus. Cette conception est restée un élément clef des stratégies de nombreux grands groupes industriels. Sur la moralité de l'obsolescence planifiée, deux points de vue s'affrontent : ses partisans prétendent qu'elle est synonyme de plein emploi pour les travailleurs (et les designers), qu'elle est donc essentielle à la croissance économique et, en dernière analyse, bénéfique pour la société dans son ensemble. Ses détracteurs allèguent qu'elle se ramène à une insidieuse manipulation des consommateurs, que les produits à durée de vie courte ne valent pas ce qu'ils coûtent et que la pollution induite par les déchets qu'entraîne leur remplacement accéléré est écologiquement désastreuse. Un des premiers et des plus remarquables opposants à l'obsolescence planifiée est Vance Packard dont l'ouvrage séminal *The Waste Makers* (1960) identifiait trois sphères principales d'obsolescence : la fonction, la qualité et la désirabilité. Quand apparaît un nouveau produit présenté comme plus performant que ses prédécesseurs, on parle d'obsolescence fonctionnelle. L'obsolescence qualitative renvoie à la durabilité physique d'un produit et à la démarche des fabricants qui y insèrent des composants vitaux conçus pour tomber en panne au bout d'un certain

Rasoirs jetables BIC,
années 1990

temps. Cette « obsolescence congénitale » concerne tout particulièrement les appareils ménagers dont le remplacement revient en général moins cher que celui de la pièce défectueuse. L'obsolescence de la désirabilité se manifeste surtout dans l'évolution de l'apparence des produits, de la mode ou de l'opinion des consommateurs, tous éléments surdéterminés par le **stylisme** et/ou les stratégies publicitaires. Dès les années 1920, le PDG de General Motors, Alfred Sloan allouait à l'esthétique un rôle croissant dans le marché automobile et instituait un système de changements stylistiques annuels visant à périmer les modèles précédents. Cette approche est toujours partagée par de

Chevrolet *Impala* décapotable, 1959 – la voiture comme accessoire de mode, magazine *Vogue*

nombreux constructeurs automobiles mais certains d'entre eux (notamment allemands et suédois) ont su ajouter une grande valeur à leur marque et s'attacher une clientèle fidèle en augmentant la longévité de leurs véhicules. Les ventes annuelles de voitures et de pièces d'occasion Volvo dépassent actuellement le nombre de véhicules neufs (environ 400 000) produit par la firme chaque année. Cet énorme marché de l'occasion sans cesse croissant est extrêmement profitable à Volvo : dans son cas, durabilité égale rentabilité. Si les arguments économiques des détracteurs de l'obsolescence planifiée qui en nient les avantages sociaux sont pertinents, ceux qui regardent les conséquences écologiques de cette stratégie pèsent encore plus lourd : l'humanité est aujourd'hui placée devant l'urgence de mettre sur pied un système économique global viable à long terme. Il faut allonger la durée de vie des produits pour réduire la consommation d'énergie et de matériaux, épargner les ressources naturelles finies, diminuer les pollution de tous ordres (y compris les gaz à effet de serre) et minimiser le rejet de déchets. En multipliant par deux la durée de vie d'un produit, on divise par deux son impact nocif sur l'environnement. Fabriquer des produits plus durables n'est pas seulement sain pour l'environnement, c'est aussi plus honnête et plus respectueux envers le consommateur. A la limite, l'obsolescence planifiée génère un univers de produits jetables, les produits écologiquement les moins justifiés de tous.

PLASTICS

PLASTIQUES

Ronds de serviette
en résine phénolique,
fin des années 1930

Les plastiques ou polymères synthétiques ont littéralement façonné la culture matérielle du XXe siècle. Leur
impact sur la consommation de masse a été si profond que cette période
pourrait très bien se nommer « ère du plastique ». Dès le XVe siècle, des
plastiques naturels comme la laque, produite par la sécrétion de l'insecte
Laccifer Lacca, la caséine produite à partir de lait caillé et la kératine (une
protéine présente dans le lait, la fourrure, les os, les ongles, les sabots et la
corne) sont utilisés dans la confection d'articles de luxe. On attribue généralement l'invention du premier plastique moderne au chimiste et inventeur
anglais Alexander Parkes. Dans les années 1840, Parkes découvre que les
fibres de coton ou la sciure de bois dissoutes dans l'acide nitrique ou sul-
furique et mélangées à de l'huile de ricin et du chloroforme génèrent une
substance pâteuse qui une fois séchée rappelle étonnamment l'ivoire ou la
corne. Mais cette forme de nitrate de cellulose (dont le nom scientifique est
pyroxyline) s'avère difficile à travailler à cause de sa nature explosive et de
sa brillance. Parkes monte une société pour fabriquer ce plastique semi-
synthétique qu'il baptise parkesine mais il doit déposer le bilan en 1868.
En Amérique, John Wesley Hyatt cherche à mettre au point une résine
supérieure à la parkesine qu'il pourrait utiliser comme alternative à l'ivoire
pour fabriquer des boules de billard. En mêlant du camphre sous pression
avec du nitrate de cellulose, il parvient à résoudre le problème de la brillance et en 1869, il dépose le brevet du premier plastique semi-synthétique
qu'il commercialise sous le nom de Celluloïd. Dans les années 1870 et
1880, le Celluloïd est employé dans la fabrication de toutes sortes d'objets,
peignes, brosses, boutons, glaces à main, coupes papier et dés. On s'en
sert également comme succédané de l'ivoire, de l'écaille de tortue, de la
nacre et de l'ambre. Nettement moins cher que ces matériaux, le Celluloïd
reste cependant assez onéreux et ne souffre donc pas de l'image « bon
marché, donc médiocre » généralement associée aux résines synthétiques.
En 1889, la firme de George Eastman (qui deviendra plus tard la Eastman
Kodak Co.) commercialise le premier film photo transparent et souple en
Celluloïd. En 1904, le chimiste belge Leo Baekeland met au point la première résine entièrement synthétique et en 1907, perfectionne la fabrication
de ce formaldéhyde, ou résine phénolique. Plus connu sous son nom com-

mercial, la **bakélite**, ce matériau révolutionnaire « aux mille usages » est produit industriellement dès 1910. La résine phénolique est d'abord utilisée comme produit d'enrobage, surtout adapté aux métaux et comme adhésif, avant d'être employée comme poudre à mouler. Dès 1920 l'apparition d'objets en Bakélite, matériau remarquablement adapté au moulage, métamorphose l'esthétique de nombreux produits industriels. En 1928 est mise au point une méthode pour « fondre » la résine phénolique sans l'aide d'un ustensile de remplissage comme ceux qu'on utilisait jusqu'alors pour le traitement des plastiques thermodurcis (c'est-à-dire qui se solidifient sous l'effet de la chaleur et ne peuvent être refondus ou reformés sans être décomposés au préalable.) Il est désormais possible de fabriquer des objets en résine phénoliques dans une large palette de coloris rutilants. Ces matériaux solides incombustibles et colorés sont employés dans la fabrication de nombreux articles, des ronds de serviettes aux bijoux. Les résines thermodurcissables à base d'urée connaissent un grand succès dans les années 1920 (voir par exemple le Plaskon). Le développement des stratifiés thermodurcissables dans les années 1930 conduit à la commercialisation du Formica. Un nouveau groupe important de plastiques voit ensuite le jour, celui des thermoplastes qui peuvent être chauffés, moulés et remoulés à plusieurs reprises en conservant à peu près les mêmes qualités. Parmi les premiers, on mentionnera le PVC (polychlorure de vinyle), commercialisé pour la première fois par la Carbide & Carbon Chemical Corporation en 1928. Aujourd'hui, le PVC est disponible sous deux formes : rigide (non plastifié) ou souple (plastifié), cette dernière étant presque exclusivement réservée au **conditionnement** (films plastiques alimentaires). A la fin de la Seconde Guerre mondiale, la gamme des thermoplastiques s'élargit avec l'apparition du polyéthylène, le plastique le plus utilisé aujourd'hui, du polystyrène et du polyméthacrylate de méthyle, plus connu sous le nom de Perspex. Après la

↖Salière et poivrière pour BEF Products, Angleterre, 1935 – résine urée-formol

Petit train *Chad Valley* en bakélite pour Chad Valley, Angleterre, années 1940

guerre sont commercialisés le polyuréthane, le polypropylène, l'acryloni-trile butadiène styrène et le polytéréphtalate d'éthylène (PET). Chacun de ces plastiques, doté de qualités propres, est naturellement mieux adap-té à certains produits et applications qu'à d'autres : le PET, par exemple, se prête très bien à la fabrication de récipients pressurisés en plastique soufflé. Les plastiques sont souvent renforcés avec une charge en fibre de verre. Combinée avec des résines époxydes ou des polyesters insatu-rés, ces résines thermodurcissables armées à la fibre de verre sont, à poids égal, plus solides que l'acier et l'éventail de leurs applications, très large, englobe aussi bien le mobilier que la carrosserie automobile. Aujourd'hui les designers et les fabricants ont à leur disposition un vaste éventail de techniques de fabrication. On retiendra notamment l'extrusion (films, feuilles, tubes, etc.) consistant à pousser la matière en fusion à travers une filière ; le moulage par compression (chauffage et moulage simultané de granulés plastiques) ; le moulage par injection (injection d'une résine plas-tique en fusion dans une empreinte sous une pression considérable, avec souvent un apport azoté) ; le moulage par injection et réaction (qui utilise un catalyseur pour accélérer la réaction afin de réduire la pression nécessai-re au moulage) ; le moulage par soufflage (soufflage d'un polymère en fu-sion dans une empreinte pour créer un moulage creux, par exemple une

Erik Magnussen,
Saladiers et cou-verts à salade pour Stelton, 1986 — polyméthacrylate de méthyle moulé (Perspex)

bouteille) ; la fabrication par coulage ou enrobage (des procédés peu oné-reux utilisés dans la fabrication d'objets de petite taille qui ne nécessitent pas de pression) ; le moulage par rotation (un procédé à basse tempéra-ture et basse pression dans lequel un moule rotatif reçoit un jet de plas-tique) utilisé pour produire des objets creux, par ex. des poubelles ; le thermoformage (mise en forme sous vide de feuilles chauffées sur un moule) utilisé par ex. pour les tasses et gobelets ; et le moussage (mélan-ge de polystyrène et d'isopentane pour produire un matériau bullé, qui peut être moulé ou extrudé et sert à l'emballage de produits fragiles, par ex. les cartons d'œufs ou les emballages de fast-food. A l'heure actuelle, les plastiques représentent (en volume) environ 14 % de la masse totale des déchets ménagers et il s'agit pour l'essentiel d'emballages. Nombre d'objets en plastique, surtout les emballages, sont soumis à un système de codage international afin de faciliter identification, tri et recyclage. La simplicité de leur manipulation, de leur fabrication, leur résistance à la corrosion et leur adaptation à la fabrication en série explique le succès des plastiques. Certains des designers industriels parmi les plus talen-tueux de l'heure ont récemment fait progresser l'aspect esthétique des plastiques en général grâce à la mise au point de traitements très nova-teurs.

↖**Stefano Giovan-noni**, Brosse à toilettes *Merdolino* pour Alessi, 1993 – technopolymère moulé

Guido Venturini, *Gino Zucchino* sucrier pour Alessi, 1993 – PPMA formé

PLYWOOD

Alvar Aalto, Mobilier en contreplaqué et lamellé collé pour Artek exposé chez Bowman Brothers à Londres, v. 1938

Les contreplaqués et les lamellés collés sont utilisés dans la fabrication de mobilier depuis au moins la première moitié du XVIIIe siècle. Il faut pourtant attendre les années 1920 pour que les innovations technologiques et notamment le développement d'adhésifs à base de résines synthétiques phénol-formol et urée-formol pour que des designers comme Alvar Aalto soient en mesure d'exploiter pleinement le potentiel technique et esthétique de ces matériaux. Les contreplaqués connaissent un tel succès qu'ils remplacent le **métal tubulaire** comme matériau de prédilection des designers de mobilier dès le milieu des années 1930. Le contreplaqué se compose de strates de bois superposées et collées sur un noyau, ou strate rigide, en bois massif ou reconstitué. Le bois de chaque strate est de fil inverse par rapport à celui des strates contiguës et le nombre total des strates est en général impair : trois, cinq ou plus. Le contreplaqué est adapté à la couverture de grandes surfaces, ouvrages requérant un matériau léger mais solide. Il présente de nombreux avantages par rapport au bois massif, notamment sa stabilité dimensionnelle accrue et sa malléabilité. Parmi les applications les plus imposantes du contreplaqué, outre le mobilier, on citera les ouvrages de menuiserie destinés aux avions ou aux bateaux. Le contreplaqué cintré est obtenu par pliage et collage de strates de bois dans des formes avec des presses à froid, à chaud, ou encore des système de cintrage

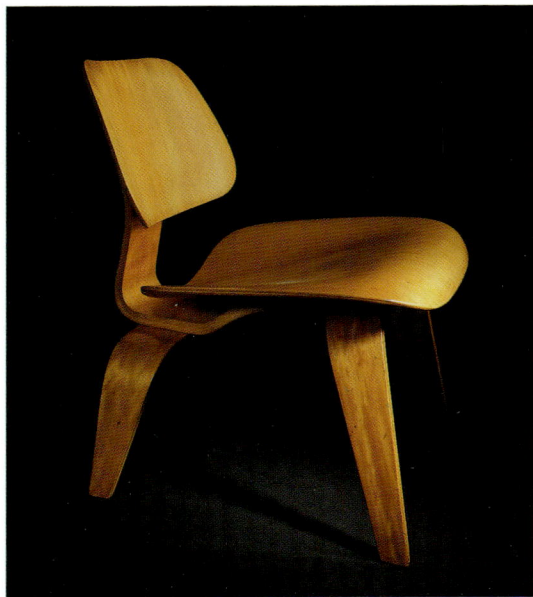

Gerald Summers, Fauteuil pour Makers of Simple Furniture, 1933–1934

←**Charles & Ray Eames**, Chaise *LCW* (Lounge Chair Wood) pour Evans Products et plus tard Herman Miller, 1945 – châssis en lamellé collé cintré, assise et dossier en contreplaqué composite moulé

à hautes fréquences. Le contreplaqué est la plupart du temps cintré (une ou plusieurs courbes) sur un plan géométrique mais si la complexité des formes l'exige il peut aussi se cintrer sur deux plans géométriques simultanément. Quoi qu'il en soit, le rayon de cintrage est limité par l'épaisseur des adhésifs ajoutée à l'épaisseur du contreplaqué lui-même, et par la tolérance de sa structure. La capacité de déformation du contreplaqué est presque illimitée, à peu près similaire en tout cas à celle d'une feuille de papier. Les strates de lamellés collés sont superposées de façon que le fil de chaque strate soit parallèle à la strate contiguë. Le lamellé collé est cintré et collé en même temps. Contrairement au contreplaqué, en revanche, le lamellé collé ne se cintre que sur un seul plan géométrique à la fois (parallèle au fil). Les lamellés collés présentent plusieurs avantages par rapport au bois massif: ils peuvent s'utiliser pour des ouvrages dont la taille ou la forme excluent l'usage du bois massif. Ils permettent aussi d'adapter exactement la structure à la solidité d'ensemble requise en jouant sur le nombre de strates pour réduire les risques de défaillance critiques. Les lamellés collés sont utilisés dans la fabrication d'ouvrages architecturaux, de quilles de bateaux et d'éléments de mobilier – bras, piétements ou châssis. Les contreplaqués et lamellés collés sont souvent combinés comme le démontre la célèbre gammes de sièges créée en 1945 par Charles & Ray Eames. Ces sièges figurent parmi les premiers exemples de mobilier produit en série utilisant des éléments en bois cintrés pour l'assise qui procuraient un excellent confort sans recourir aux garnitures traditionnelles. Les qualités – durabilité, solidité, légèreté, polyvalence – le coût modique et la séduction esthétique des contreplaqués et des lamellés collés en font des matériaux particulièrement intéressants, aujourd'hui encore, pour les designers et les fabricants.

POP DESIGN

DESIGN POP

Téléviseur *Nivico*
3240 GM pour JVC
(Yokohama Plant
Victor Co. of Japan),
1970

Le terme Pop été forgé dans les années 1950 pour désigner l'émergence d'une culture populaire. En 1952, l'**Independant Group** est fondé à Londres et ses membres, notamment l'artiste Richard Hamilton, le sculpteur Eduardo Paolozzi, le critique Rayner Banham et les architectes Peter et Alison Smithson sont parmi les premiers à explorer et célébrer la croissance de la culture consumériste populaire en Amérique. Dans les années 1960, des artistes américains comme Andy Warhol, Roy Lichtenstein et Claes Oldenburg puisent leur inspiration dans «l'art de bas étage», publicité, **conditionnement**, bandes dessinées et télévision. La culture Pop commence donc assez logiquement à influencer le design d'objets quotidiens, les designers adoptant une approche plus juvénile et moins sérieuse que celle dictée par le **Bon Design** des années 1950. L'ascension du stylisme de produits dans ces mêmes années, au nom de l'accroissement de la productivité et de l'obsolescence programmée, fournit un terreau fertile pour l'éthique du «jetable après utilisation» qui envahit l'industrie des années 1960. La chaise pour enfants *Spotty* (1963) en carton à pois de Peter Murdoch et le fauteuil *Blow* (1967) de De Pas, D'Urbino et Lomazzi, par excellence des objets précaires, sont emblématiques de cette culture de l'éphémère. Il en va de même des objets-clin d'œil comme les robes en papier, dont tant de magazines (eux-mêmes de plus en plus dépendants de tels produits) vantent la nouveauté dans leurs suppléments en couleurs sur papier glacé. Pour nombre de designers Pop, le **plastique** devient le matériau de prédilection. Beaucoup de matières plastiques et de procédés nouveaux, comme le moulage par injection, permettant de fabriquer des objets peu coûteux, font leur apparition dans les années 1960. Les couleurs franches, vives, et les formes audacieuses qu'invente le Design Pop balaient les derniers vestiges de l'austérité de l'après-guerre et reflètent l'optimisme général des *sixties*, dopé par une prospérité économique sans précédent et la libération des mœurs. Le Design Pop étant destiné à un public jeune, les produits doivent être bon marché et leur qualité en pâtit souvent. Le caractère périssable de tels produits fait cependant partie de leur séduction, car ils représentent l'antithèse des classiques modernes «intemporels » des années 1950. Le Design Pop, avec ses connotations **Anti-Design**, prend le contre-pied de la sobre devise du **Mouvement Moderne** « Moins c'est Plus » et annonce directement le **Design Radical** des années 1970. Il puise son inspiration dans un vaste éventail de sources: l'**Art Nouveau**, l'**Art Déco**, le **Futurisme**, le **Surréalisme**, l'Op Art (art cinétique), le mouvement psychédélique, le mysticisme oriental, le **Kitsch** et la fascination pour l'ère spatiale. Il bénéficie de la croissance générale des moyens de communication de masse. La crise du pétrole du début des années 1970 a cependant engendré une conception plus rationnelle du design et le Design Pop doit céder la place au **Renouveau Artisanal**, d'une part et au style **High Tech**, de l'autre. Par sa remise en question des préceptes du Bon Design et donc du modernisme, le Design Pop annonce à certains égards la naissance du **Post-Modernisme**.

Gaetano Pesce,
Series Up pour C&B
Italia, 1969

POST-INDUSTRIALISM

POST-INDUSTRIALISME

Le terme Post-Industrialisme renvoie pour l'essentiel à une conception post-moderne du design qui rejette les procédés de fabrication industriels dominants. Du début du siècle aux années 1960, les méthodes de fabrication en grande série mises au point par Henry Ford gouvernent le design et la production. Dans les années 1970 et 1980, en revanche, avec le développement des services dans les économies occidentales, beaucoup de designers choisissent de créer des pièces uniques ou des éditions limitées. Ce type de démarche reflète la nature post-industrielle de l'époque et permet aussi aux designers qui ne sont plus soumis aux contraintes des circuits de production industriels d'exploiter plus librement leur créativité individuelle. Des créateurs comme Ron Arad et Tom Dixon fabriquent des objets « mal finis » qui traduisent leur refus déterminé de la standardisation des produits industriels. La chaîne *Concrete Stereo* (1984) d'Arad prend ainsi le contre-pied du « design léché » qu'incarnent par exemple les produits Bang & Olufsen, et véhicule un message post-moderne plein d'ironie. Le Post-Industrialisme se fait le chantre de la notion d'« œuvre d'art jetable » et donne naissance à de nouvelles pratiques de design, à la fois expérimentales et poétiques.

Ron Arad, Platine en béton armé *Concrete Stereo* pour One-Off, 1984

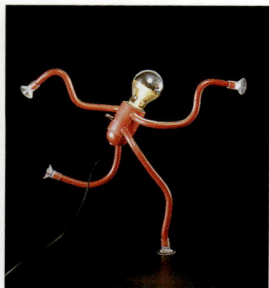

POST-MODERNISM
POST-MODERNISME

**Marco Ferreri &
Carlo Bellini**, Lampe
Eddy pour Luxo
Italiana, 1986

**Norbert Berghof,
Michael Landes &
Wolfgang Rang**,
Fauteuil *Frankfurter
FIII* pour Draenert,
1985–1986

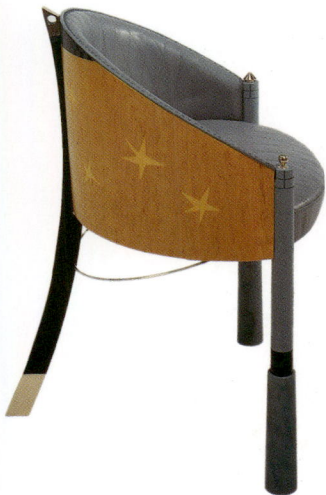

Les origines du Post-Modernisme remontent aux années 1960 et à l'émergence du **Design Pop** et de l'**Anti-Design**. Durant cette décennie de remise en question généralisée, le design moderne s'émancipe. On trouve la première critique substantielle du Modernisme dans l'ouvrage de Jane Jacobs, *The Death and Life of Great American Cities* (La Mort et la Vie des Grandes Villes Américaines, 1961), qui souligne la rupture de la cohésion sociale qu'engendrent l'urbanisme et les ensembles architecturaux inspirés du **Mouvement Moderne**. Robert Venturi, dans *Complexity and Contradiction in Architecture* (Complexité et Contradiction en Architecture, 1966), explique à son tour que l'architecture moderne est dénuée d'âme car il lui manque la complexité et l'ironie qui font toute la richesse des bâtiments historiques. En 1972, Venturi, Denise Scott Brown et Steven Izenour publient *Learning from Las Vegas,* ouvrage de référence qui défend l'honnêteté culturelle de l'esprit marchand incarné dans l'architecture et la signalétique de cette ville bâtie dans le désert. La même année, la traduction en anglais des *Mythologies* (1957) de Roland Barthes assure une large diffusion à ses théories sur la **Sémiotique** – l'étude des signes et des symboles comme moyens de communication culturelle. Les designers en tirent une conclusion: quand les bâtiments et les objets sont imprégnés de symbolisme, spectateurs et consommateurs entretiennent un rapport psychologique plus harmonieux avec eux. Les premiers adeptes du Post-Modernisme soutiennent que l'abstraction géométrique si chère au Mouvement Moderne, avec son refus de l'ornement et donc du symbolisme, engendre une architecture et un design déshumanisés et finalement aliénants. Vers le milieu des années 1970, des architectes américains comme Michael Graves introduisent dans leurs réalisations des motifs décoratifs qui font souvent référence, non sans ironie, aux styles architecturaux du passé. Des designers affiliés à Studio Alchimia, comme Alessandro Mendini et Ettore Sottsass créent des objets dans un vocabulaire formel post-moderne qui renferment un commentaire moqueur sur le Modernisme. Ensuite, c'est **Memphis** qui reprend le flambeau avec ses objets Néo-Pop colorés et monumentaux qui, lors de leur première présentation en 1981, créent l'événement dans le design international. Le groupe, en popularisant l'Anti-Design, a contribué à l'internationalisation de la vogue du Post-Modernisme dans les années 1980. Les objets post-modernes résument la pluralité culturelle de la société contemporaine globale et utilisent un langage symbolique universel qui transcende les frontières. Les formes et les motifs que l'on trouve dans de tels «objets symboliques» ne sont pas seulement puisés dans les styles décoratifs passés comme le Classicisme, l'**Art Déco**, le **Constructivisme** et **De Stijl** mais se réfèrent aussi parfois au **Surréalisme**, au **Kitsch** et à l'imagerie électronique. Parmi les designers post-modernes les plus remarquables (outre ceux déjà mentionnés) on retiendra Mario Botta, Andrea Branzi, Michele De Lucchi, Nathalie du Pasquier, Hans Hollein, Arata Isozaki, Shiro Kuramata, Richard Meier, Aldo Rossi, Peter Shire, George Sowden, Matteo Thun et Masanori Umeda. Leurs créations audacieuses, qu'il s'agisse de **céramiques**, de textiles, de bijoux, de montres, d'argenterie, de meubles ou de luminaires sont produites en éditions limitées par des sociétés comme Alessi, Artemide, Alias, Cassina, Formica, Cleto Munari, Pol-

Michael Graves, *Tea & Coffee Piazza* pour Alessi, 1983

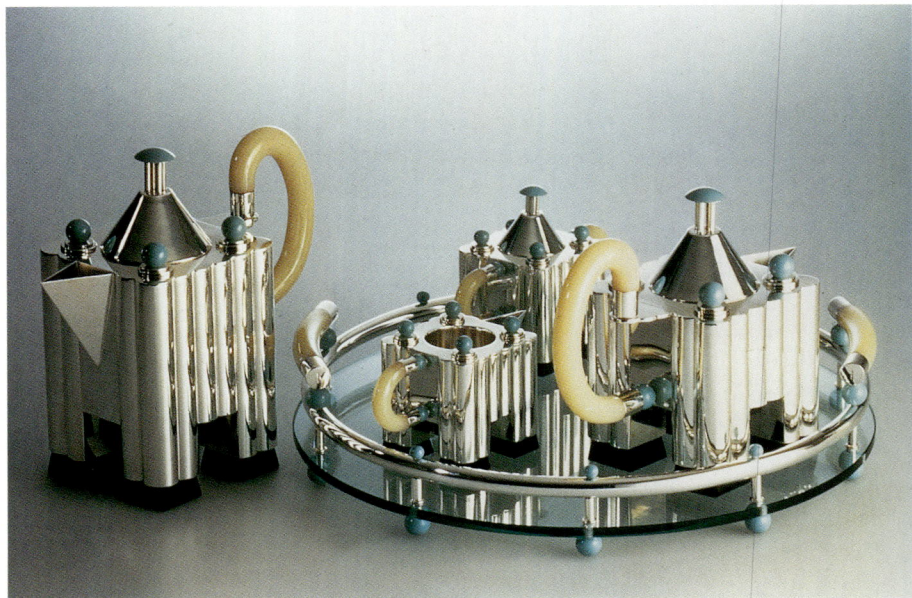

Aldo Rossi,
Bouilloire *Il Conico*
pour Alessi, 1988

tronova, Sunar, Swid Powell et Draenert Studio. Comme Hans Hollein l'a re-
marqué, le rejet post-moderniste de la production industrielle signifie que
les créations de ces designers sont forcément « l'affaire d'une élite ». Ils représentent donc le triomphe du capitalisme sur l'idéologie sociale qui sous-
tendait le Mouvement Moderne. Le caractère éclectique du Post-Modernisme reflète l'ascension de l'individualisme mais aussi l'éclatement de la
société qui s'accélère dans les années 1980. La prospérité économique de la
décennie, dopée par le crédit, garantit le succès du style post-moderne et à
la fin des années 1980, le Post-Modernisme englobe les styles les plus divers, y compris le Noir Mat, le **Déconstructivisme** et le **Post-Industrialisme**.

Charles Jencks,
Table et chaises *Sun*
de la série *Symbolic
Furniture*, 1984

La récession générale du début des années 1990 pousse cependant les designers vers des démarches créatives moins expressives et plus rationnelles et
la séduction du Post-Modernisme commence à décliner. Même si l'exubérance de l'Anti-Design des années 1980 a été remplacée par le dépouillement
tempéré du minimalisme des années 1990, l'influence du Post-Modernisme
perdure: sa remise en question du Mouvement Moderne a conduit à une re-
définition importante, et permanente, de l'essence du design.

**Richard Hamilton
& Martin Goody**,
*Maison du Futur
pour Monsanto*,
1957

PRODUCT ARCHITECTURE

HABITAT PRÉFABRIQUÉ

L'idée de construire des bâtiments en série, comme
n'importe quel autre produit de grande consomma-
tion, fascine les architectes et le designers industriels depuis des décennies. On doit l'un des premiers exemples notables de ce type d'architecture à Walter Gropius et Konrad Wachsmann. Leur *Packaged House* de
1942 reposait sur l'idée de composants modulaires produits en série
pour la construction de maisons particulières. Malgré le dépôt d'un brevet, la *Packaged House* ne séduit pas le public et l'entreprise qui la fabrique, n'en ayant vendue que deux cents unités, doit déposer son bilan.
Entre 1944 et 1947, Richard Buckminster Fuller conçoit la *Dymaxion
Dwelling Machine* (ou *Wichita House*). Quand le prototype de cette maison préfabriquée revêtue de panneaux d'**aluminium** est présenté, la
société spécialement montée pour la commercialiser reçoit 38 000 commandes. Fuller, qui n'est pas prêt à passer au stade de la fabrication industrielle, accumule les retards et le projet est finalement annulé par ses
bailleurs de fond. Sans se décourager, il invente en 1949 le *Dôme Géodé-
sique*, à ce jour la plus brillante expression de l'architecture préfabriquée.
George Nelson, ami et collègue de Fuller conçoit aussi un système d'habitat préfabriqué en 1951: son *Experimental House* est basé sur un système de cubes combinables (de 3,60 m de côté) coiffés de dômes en plas-

Matti Suuronen,
Futuro House,
années 1970

tique translucides. La modularité
de l'*Experimental House* lui confère
une flexibilité plus grande que la
Dymaxion Dwelling Machine. Arthur Drexler, alors conservateur
du Musée d'Art Moderne de New
York estime l'élégante solution
de Nelson «techniquement supérieure à ses concurrentes fabriquées artisanalement». En 1957,
Richard Hamilton et Martin Goody
conçoivent la *Maison du Futur*
pour une exposition destinée à
Disneyland. Les quatre éléments

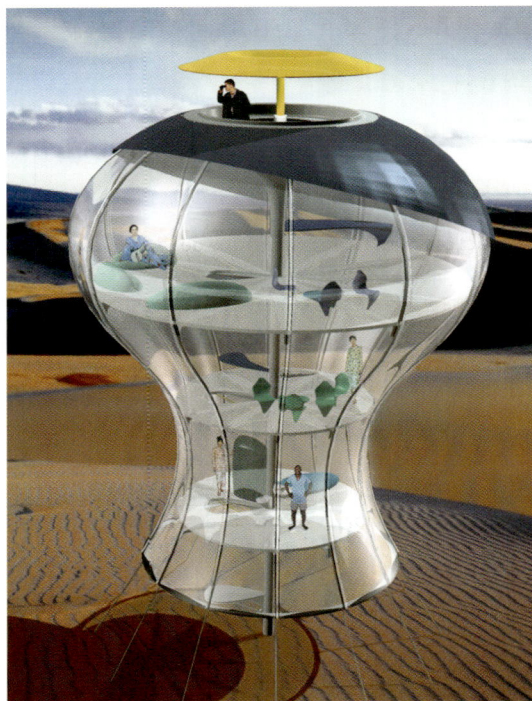

Ross Lovegrove, *Solar Seed*, 1999 – concept de structure nomade complètement autonome

identiques qui composent les ailes de cette maison futuriste en plastique préfigurent la *Futuro House* (début des années 1970) de l'architecte finnois Matti Suuronen qui évoque un vaisseau spatial. Comme le faisait observer un article du magazine *Design from Scandinavia*, la maison de Suuronen « transpose le rêve d'une maison en plastique du laboratoire dans la réalité de la production, d'un saut ... Ignorant tous les concepts architecturaux traditionnels, il a créé un énorme losange qu'il a posée sur une structure portante en tubes d'acier. » Malgré son importante surface au sol (50 m²), la légèreté de la *Futuro House* permet son transport par hélicoptère sur des sites peu accessibles. La version suivante de la *Futuro House* de Suuronen développée pour Oy Polykem à Helsinki utilise des matériaux à haut pouvoir isolant (polyester renforcé en fibre de verre) offrant la même facilité de transport. Le concept d'habitat préfabriqué a, plus récemment, fait l'objet d'une proposition de Ross Lovegrove, un designer industriel anglais. Sa *Solar Seed* (« semence solaire ») se présente comme une structure nomade complètement autonome utilisant un minimum de matériaux. A l'instar des dispositifs très novateurs d'éclairage de jardin créés par Lovegrove, la *Solar Seed*, alimentée par énergie solaire est fabriquée avec des techniques dernier cri. Si la production en série de structures d'habitation complètes est restée marginale, les formules compactes d'habitat mobile, comme la célèbre remorque Airstream et le camping-car de Volkswagen sont devenues des icônes du design contemporain. Etant donné le besoin croissant en formules d'habitat abordables, flexibles et transportables, le succès futur de l'habitat préfabriqué sera sans doute moins lié à la résolution de problèmes techniques de fabrication et de construction qu'aux réglementations locales (permis de construire, choix d'emplacements et propriété du sol).

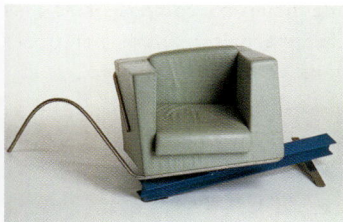

RADICAL DESIGN

DESIGN RADICAL

Coop Himmelb(l)au,
Fauteuil *Vodöl* pour
Vitra, 1989

Le Design Radical apparaît dans l'Italie des années 1960 en réaction au **Bon Design**. Proche de l'**Anti-Design**, le Design Radical est toutefois plus politisé et plus expérimental. Il tente de renverser la perception générale du Modernisme à travers des propositions et des projets utopiques. Les premiers représentants du design radical sont les groupes de design et d'architecture Superstudio, Archizoom, UFO (fondé en 1967 à Florence), Gruppo Strum, Gruppo 9999 (fondé en 1967 à Florence), Cavart (fondé en 1973 à Padoue) et Libidarch (fondé en 1971 à Turin). Ces groupes s'en prennent à la notion admise du « bon goût » et organisent des événements et des installations subversifs qui remettent en question les préceptes du rationalisme, les technologies de pointe et, surtout, la société de consommation. Les projets d'architecture radicale comme le *Monumento Continuo* (Monument Continu) de 1969 et la *Wind City* d'Archizoom (1969) spéculent sur l'idée d'« architecture comme instrument politique » alors que *Doric Temple* d'UFO (1972) et *Superonda* (1966) d'Archizoom se distinguent souvent par leur interactivité. Ces projets, à la fois poétiques et irrationnels,

Cesare Casati &
Emanuele Ponzio,
Lampes *Pillola* pour
Ponteur, 1968

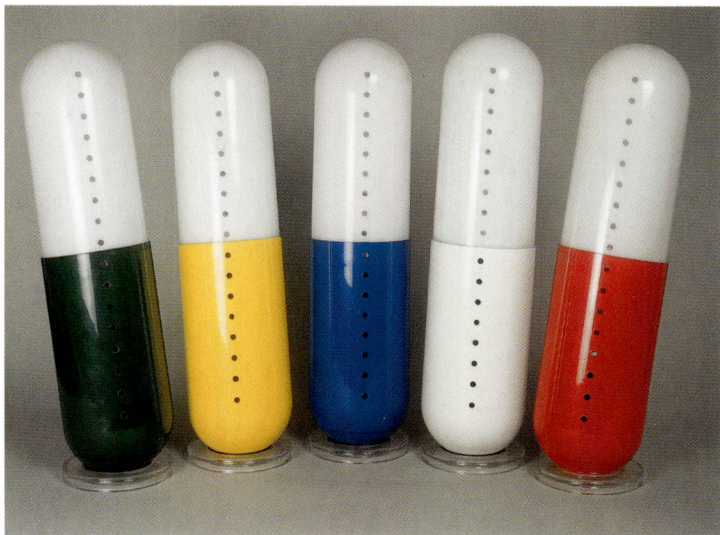

représentent parfaitement la contre-culture de la fin des années 1960 et visent à détruire l'hégémonie de l'esthétique du Modernisme. En 1973, des membres de plusieurs groupes de Design Radical se réunissent dans les bureaux du magazine *Casabella,* revue que dirige Alessandro Mendini. Cette réunion débouche en 1974 sur la formation du groupe Global Tools (Outils Collectifs), mais un an plus tard cette école d'architecture et de design radicaux se dissout et le débat sur le Design Radical perd de son acuité. C'est pourtant à travers cette remise en question d'axiomes solidement établis sur la finalité du design que des designers radicaux comme Andrea Branzi, Ricardo Dalisi et Lapo Binazzi ont posé les fondations théoriques du **Post-Modernisme** apparu au tournant des années 1970 et 1980.

UFO (Lapo Binazzi),
Doric Temple,
prototype, 1971

RATIONALISM

Giuseppe Terragni,
Salle de conférences
de la Casa del Fascio
(rebaptisée plus tard
Casa del Popolo), à
Côme, 1933

S'il fait généralement référence à une conception logicienne de l'architecture et du design, le terme de rationalisme désigne aussi une forme de modernisme inaugurée par des architectes et designers italiens à la fin des années 1920 et dans les années 1930. Inspiré par une recherche à la fois sociale et esthétique dont témoignent les œuvres de Gropius ou de Le Corbusier, en 1926, le Gruppo Sette (groupe des Sept) publie dans la revue *Rassegna* les quatre volets d'un manifeste qui lance le mouvement rationaliste italien. Ses membres – Giuseppe Terragni, Gino Pollini, Luigi Figini, Adalberto Libera, Carlo Enrico Rava, Sebastiano Larco et Guido Frette – farouchement opposés au **Futurisme**, cherchent à concilier le **Fonctionnalisme** de l'**avant-garde** européenne et la tradition classique italienne. Les premières expressions architecturales du rationalisme italien sont le Bar Craja (1930) de Milan, de Luciano Baldessari, Luigi Figini et Gino Pollini, et la Casa del Fascio (1933), siège du parti fasciste, construit à Côme par Giuseppe Terragni. Les rationalistes célèbrent la modernité à travers un vocabulaire géométrique formel, rigoureux, et l'emploi de matériaux nouveaux, comme les tubes en chromé. Les fascistes, qui se voient en champions d'un nouvel ordre mondial, épousent le rationalisme, avant de lui préférer le conservatisme du Novecento. Après la Seconde Guerre mondiale, certains designers, comme Franco Albini, perpétuent le style rationaliste.

RETRO DESIGN

DESIGN RÉTRO

La *Figaro* de Nissan,
1991 – série limitée à
20 000 exemplaires

Le terme de design rétro est utilisé pour la première fois dans les années 1970 pour décrire une mode du design de l'époque, qui reproduit des styles antérieurs. Un énorme regain d'intérêt pour les objets de style victorien et **Art Nouveau** caractérise en effet les années 1960 et 1970 comme en témoigne la prolifération d'affiches et couvertures de disques Pop imitant la typographie et le graphisme des fêtes foraines de l'époque victorienne. Mais c'est dans les années 1980 que le design rétro arrive à maturité, avec le développement du style **Postmoderne**. Les designers adeptes de ce mouvement puisent leur inspiration dans les objets **kitsch** des années cinquante, créant une pléthore de produits rétros, des postes de radio aux couleurs pastels douceâtres aux meubles asymétriques juchés sur de longs pieds chétifs. La mode des années 1950 perdure jusqu'aux années 1990, comme en témoigne la *Figaro*, produite par Nissan en série limitée (1991). Cette petite voiture ressemble à une image de dessin animé, tandis que la moto *Royal Star* créée par GK Design Group pour Yamaha renvoie encore plus explicitement aux années 1950. Plus récemment, les constructeurs Jaguar, BMW et Chrysler ont aussi commercialisé des voitures d'un style délibérément rétro. A l'heure actuelle, ce type de design, qui s'avère un filon très rentable, s'attache à combiner **stylisme** passéiste et technologie dernier cri, pour créer des produits hybrides qui attirent le public par leur caractère très typé.

GK Design Group,
Moto *Royal Star*
pour Yamaha, 1996

ROYAL COLLEGE OF ART

FONDÉ EN 1837
LONDRES, GRANDE-BRETAGNE

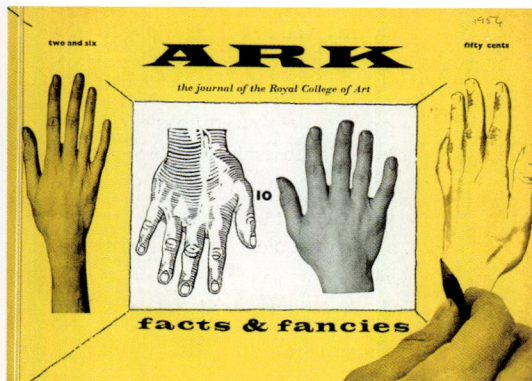

Len Deighton,
Couverture pour la
revue *Ark*, n° 10,
printemps 1954

Créé en 1837 et initialement baptisé Government School of Design, l'établissement enseigne à l'origine la « grammaire de l'ornement » et on y décourage le dessin d'après nature. Les méthodes d'enseignement, conçues par sir Henry Cole, mettent surtout l'accent sur la formation d'étudiants « ornementalistes » censés travailler pour les manufactures. Un département « pratique » s'ouvre en 1852, mais il faudra attendre les années 1890 pour qu'on s'attache vraiment à cet aspect de l'art. En 1896, l'école adopte son nom actuel de Royal College of Art, ainsi qu'un nouveau programme pédagogique prévoyant des cours d'histoire, de philosophie et d'architecture pour tous les étudiants de première année. Après cette année préparatoire, ils choisissent l'une des quatre spécialités proposées: peinture décorative, sculpture, architecture ou stylisme. Les réformes dans ce domaine, en germe au Royal College dans les années 1890 et exploitées plus tard par le **Bauhaus**, auront une influence directe sur l'évolution du **Modernisme**. Pourtant, jusqu'aux années 1950, le programme d'études privilégie les cours d'artisanat au détriment du design industriel. En 1959, s'ouvrent un Design Research Department et une School of **Industrial Design**. Depuis, celui-ci est à la pointe de l'application pratique.

RUBBER

CAOUTCHOUC

Bouillotte fabriquée
par Haffenden
Moulding Company,
1996

L'élasticité, la résilience et la solidité du caoutchouc le
destinent à des applications très variées, depuis les composants pour les automobiles jusqu'aux isolants électriques. Cet élastomère naturel est un polymère de l'iso-
prène, tiré de certaines plantes comme l'*Hevea brasiliensis*, qui produit un
latex contenant environ 50 % de caoutchouc, et que l'on prélève en taillant
des rainures dans l'écorce de l'arbre. Après filtrage des impuretés, on dilue
le latex dans de l'eau, avant de le solidifier par coagulation. La première
description scientifique du caoutchouc est due à François Fresneau et à
Charles-Marie de la Condamine en 1735, mais il faut attendre un siècle pour
qu'il soit pleinement exploité, avec l'invention de la vulcanisation en 1839
par l'Américain Charles Goodyear. Le procédé, qui consiste à traiter au soufre
le latex chauffé sous pression, augmente considérablement sa résistance et
son élasticité. Le caoutchouc vulcanisé trouve sa première application dans
les pneus de bicyclettes et de voitures. L'industrie du XIXe siècle utilise un

Balles de golf *Ocobo*
en gutta-percha,
fabriquées par
James B. Halley,
vers 1920

Calculatrice Marks-
mark Products, vers
1997 – mélange
d'élastomère synthé-
tique et de plastique,
procurant un meil-
leur confort tactile

autre latex naturel, le gutta-percha, de composition semblable à celle du caoutchouc, mais dont la structure moléculaire est différente. Considéré comme un plastique naturel, le gutta-percha chauffé se prête facilement au moulage, mais devient dur et coriace à température ambiante. En raison de sa bonne résistance à la chaleur, le caoutchouc naturel est encore utilisé aujourd'hui pour les pneus à haute performance des voitures de course ou des avions. Plusieurs tentatives ont lieu à la fin du XIXe siècle et au début du XXe, pour fabriquer un caoutchouc synthétique à partir de l'isoprène. La première réussite date de la Première Guerre mondiale, lorsque les Allemands parviennent à produire le «caoutchouc de méthyle», par polymérisation du butadiène. Plusieurs méthodes de polymérisation sont opérationnelles dès les années vingt et trente, et les caoutchoucs de synthèse sont produits à grande échelle pendant la Seconde Guerre mondiale. Ces produits, que l'on peut vulcaniser et renforcer au moyen d'enduits, sont particulièrement adaptés au coulage et au moulage par compression. Plus de la moitié du caoutchouc produit actuellement dans le monde est employé à la fabrication de pneus, et le reste à celle de composants mécaniques ou de biens de consommation (bouillottes, tubes d'arrosage, chaussures, jouets, etc.). Les élastomères synthétiques actuels sont souvent associés à des **plastiques** avant d'être moulés par injection, pour des habillages de produits électroniques auxquels ils apportent des qualités tactiles.

SECESSION

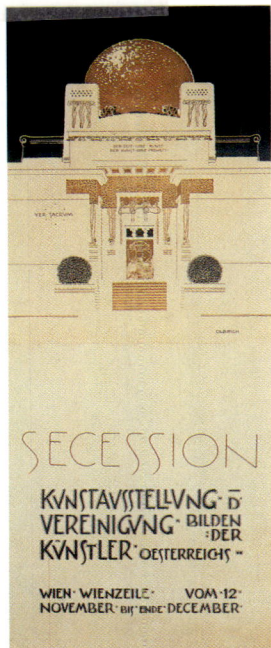

Josef Maria Olbrich,
Affiche de la IIᵉ exposition de la Sécession viennoise, 1899 – représentant le Pavillon d'exposition de Olbrich

En 1897, Gustav Klimt, Carl Moll et Josef Engelhart fondent avec les architectes Josef Maria Olbrich, Koloman Moser et Josef Hoffmann la Vereinigung bildender Künstler Österreichs-Secession (Union sécessionniste des artistes autrichiens), une formation dissidente, opposée à la tradition académique compassée et conservatrice de la Künstlerhaus (Maison des artistes). La même année, Olbrich crée son fameux Pavillon d'exposition de la Sécession et sa vaste coupole en fer forgé doré imitant les feuilles du laurier : un motif impérial parfaitement approprié pour la capitale autrichienne. Achevé en 1898, le bâtiment, situé sur la Karlsplatz, offre au groupe un lieu d'exposition permanent. Les vitraux, l'aménagement intérieur de Moser et, au-dessus de l'entrée, la devise inventée par le critique d'art Ludwig Hevesi : « Der Zeit ihre Kunst, der Kunst ihre Freiheit » (Au temps son art, à l'art sa liberté) sont un concentré de l'esprit fin de siècle qui règne à Vienne – à l'époque la quatrième ville d'Europe. La première exposition de la Sécession a lieu dans les locaux de la Société d'Horticulture, le pavillon de Olbrich n'étant pas terminé. Il accueillera en revanche la deuxième exposition et les suivantes. Afin de promouvoir sa cause, la Sécession publie également une revue, *Ver Sacrum* (Printemps sacré), à partir de 1898. Les premières œuvres des Sécessionnistes viennois puisent essentiellement leur inspiration dans l'**Art Nouveau** mais, après le tournant de la huitième exposition (1900), uniquement consacrée aux arts décoratifs, leur production s'affirme. Cette exposition comprend des œuvres de Charles Rennie Mackintosh, Charles Robert Ashbee et Henry van de Velde. La géométrie implacable du Sanatorium de Purkersdorf (1904–1906), réalisé par Josef Hoffmann, à laquelle fait écho le fauteuil cubique noir et blanc de Koloman Moser, créé spécialement pour l'occasion, illustre bien le style sécessionniste d'après 1900 et annonce l'abstraction géométrique du **Modernisme**. Inspirés par la Guild of Handicraft (Guilde artisanale) de Charles Ashbee, Hoffmann et Moser fondent en 1903, avec le banquier Fritz Waerndorfer, la **Wiener Werkstätte** (Atelier viennois) qui fabrique et commercialise les créations « art nouveau » des sécessionnistes viennois. Mais les tensions s'accumulent au sein du groupe. En 1905, le peintre Carl Moll est

Koloman Moser,
auteuil créé pour
e Sanatorium de
Purkersdorf, 1902

attaqué par certains de ses pairs: comme Hoffmann, Klimt et ses partisans – les « stylistes » – quittent la Sécession. Celle-ci n'en continue pas moins d'exister; Franz Messner en est président de 1919 à 1920. Même si on l'associe souvent à l'Art Nouveau, la Sécession viennoise est plus teintée de classicisme que d'autres avant-gardes européennes. Son esthétique géométrique aura une influence déterminante sur l'évolution du design moderne.

SEMIOTICS

SÉMIOTIQUE

La sémiotique fait sa première apparition dans le débat philosophique au XVIIe siècle grâce à John Locke, homme politique et philosophe anglais. En tant qu'étude des signes et des symboles, elle s'applique d'ordinaire à la linguistique, mais peut aussi se révéler pertinente pour le langage visuel. Dans toute l'histoire du design, les bâtiments, les aménagements intérieurs, les objets ont été ornés de symboles destinés à leur communiquer un sens, une valeur, ou à les doter d'un caractère particulier. Chez beaucoup de designers associés à l'**Arts & Crafts**, par exemple – Charles F. A. Voysey, Charles Rennie Mackintosh – le design est censé satisfaire l'esprit et répondre à une nécessité fonctionnelle ; aussi cherchent-ils à charger leur œuvre d'une signification spirituelle en utilisant certains motifs: cœurs percés, cercles, carrés – symbolisant l'amour, le corps et l'âme. Le psychologue suisse Carl Jung entreprend une vaste recherche sur les symboles, et surtout sur les symboles alchimiques, qu'il pense être les codes de l'inconscient. Au début du XXe siècle, le philosophe anglais d'origine autrichienne Ludwig Wittgenstein s'attelle à l'étude de la sémiotique (ou sémiologie), en élaborant dans les années 1920 sa «théorie de l'image», selon laquelle les signes sont des images de la réalité ; le linguiste suisse Ferdinand de Saussure pose, quant à lui, le langage des signes comme un phénomène social ; et le philosophe américain Charles Sanders Peirce considère la sémiotique comme un «système formel [et logique] de signes». Ces recherches analytiques au cœur de la sémiotique visent cependant moins à révéler la signification des signes qu'à mettre au jour les a priori sexuels, raciaux ou sociaux qui les sous-tendent. En 1938, le sémioticien behavioriste Charles Morris divise la sémiotique en trois branches: la pragmatique (la manière dont les signes sont utilisés), la sémantique (leur sens) et la syntaxe (la façon dont ils sont ordonnés). Plus tard, on verra dans la sémiotique un outil permettant d'analyser le visuel: l'écrivain et sémioticien italien Umberto Eco, qui publie *Traité de sémiotique générale* (1975) et *Sémiotique et philosophie du langage* (1983), sera le premier à appliquer cette discipline à l'architecture. Roland Barthes apportera ensuite à son tour une large contribution au débat grâce à une série de travaux littéraires, parmi lesquels ses célèbres *Mythologies* (1957), ouvrage qui, traduit en anglais en 1972, aura une influence déterminante sur l'évolution de l'**Anti-Design**. Dans les années 1970, on finit par juger

Dan Friedman,
Desire, meuble de
rangement pour
Neotu, 1990

aliénante l'esthétique du **Modernisme**, fondée sur la pure abstraction géométrique, car son absence d'ornement – signes et symboles – la coupe de
l'une des ressources fondamentales de la communication culturelle. Les
tenants du **Post-Modernisme** – Charles Jencks, par exemple–, qui prônent
un retour au symbolisme en architecture comme dans le design, vont faire
gagner beaucoup de terrain à la sémiotique dans les années 1980. Aujour-
d'hui, nombre de designers tiennent la communication visuelle pour un aspect important du design et cherchent à doter leur œuvre d'un sens ou d'un
caractère spécifique en lui appliquant les théories de la sémiotique.

SIGNAGE

SIGNALÉTIQUE

Comme le **conditionnement**, la signalétique relève du graphisme industriel. Le design de cette discipline obéit à des impératifs de clarté et de cohérence esthétique. La signalétique fait souvent partie intégrante de l'**identité visuelle** d'une entreprise ou d'une municipalité, comme c'est le cas par exemple du programme mis en œuvre en 1916 par Edward Johnston pour le London Transport. Au cours des

Design Research Unit, Signalétique pour le Festival of Britain, 1951

années 1930, le besoin d'une signalisation routière plus claire se fait sentir en Europe continentale, où les routes sont de plus en plus chargées, et un certain nombre de protocoles sont mis en place pour réglementer les programmes de signalétique. L'expansion du réseau autoroutier dans les années 1960 conduit le gouvernement britannique à commander le *Worboys Report* sur la signalisation routière. Le Ministère des Transports confie alors à Jock Kinneir et à Margaret Calvet la conception d'un nouveau système de signalétique pour toute la Grande-Bretagne. Le fait que leur *Motorway Signage System* (1964) soit encore en vigueur aujourd'hui témoigne de la pertinence du projet. De nombreux cabinets pluridisciplinaires de design ont créé des systèmes de signalétique intégrés pour des collectivités locales, des événements ou des lieux publics : on retiendra les projets de la Design Research Unit pour le Festival of Britain de 1951, de Pentagram pour le Victoria and Albert Museum en 1988, ou encore de Ninaber, Peters & Krouwel pour la ville de Rome en 2000.

Ninaber, Peters & Krouwel (NPK), Eléments de signalisation pour la ville de Rome, 2000

SOFT DESIGN/ SOFT-TECH

DESIGN SOFT/SOFT-TECH

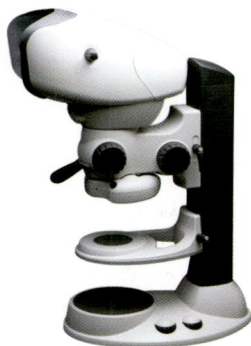

Frazer Designers, Microscope *Cobra* pour Vision Engineering, 1997

L'expression « soft-tech » (technologie douce) a été forgée au milieu des années 1980 pour décrire des objets aux formes sculpturales rondes et douces. Les premières manifestations de cette tendance touchent l'équipement électronique, et plus particulièrement les produits Sharp et Yamaha. Ce type de design Postmoderne s'oppose au **rationalisme** omniprésent de la « bonne forme » typique de fabricants comme Bang & Olufsen, pour s'inspirer de styles plus anciens, et notamment du **biomorphisme** des années cinquante. Proche du **stylisme** rétro américain, cette mode ne dure que quelques années, et cède la place au début des années 1990 à une approche plus réfléchie et plus intégrée d'un design organique : le « design soft », décrit par Ross Lovegrove comme un « nouveau naturalisme », correspond à une recherche émotionnelle et gestuelle, centrée sur l'homme. L'industrie automobile est l'un des premiers secteurs à adopter la tendance, avec

Fiat *Multipla*, 1999

la Renault *Twingo* et la Nissan *Micra*, lancées en 1992. On peut attri-
buer l'émergence de ce style à un certain nombre de facteurs : le rejet
catégorique, à la fin des années 1980, du fonctionnalisme hérité du **Bauhaus**, au profit d'un design proche de la nature ; les progrès réalisés dans
l'application de données ergonomiques, et la création de formes incur-
vées plus complexes, facilitées par les logiciels de **CAO / FAO** ; et enfin
l'existence de nouveaux matériaux qui confèrent aux objets des qualités
tactiles supérieures. À la fin des années 1990, le design soft ne se cantonne plus à l'automobile (voir la Fiat *Multipla* de 1999), mais s'étend
à d'autres domaines du design : microscopes, calculatrices, mobilier, et
même équipements d'IRM arborent des formes arrondies. Le plus souvent utilisé dans une optique stylistique, le design soft ne doit pas être
confondu avec l'**essentialisme** (organique) qui, malgré de frappantes
similitudes d'ordre visuel, exprime une réelle démarche de design.

STANDARDIZATION

STANDARDISATION

Peter Behrens, Suspension pour AEG, 1908

La standardisation constitue un aspect essentiel de la production en série. L'utilisation d'éléments interchangeables d'un produit à l'autre, et que l'on peut assembler pratiquement sans ajustage, augmente l'efficacité et la productivité de la fabrication industrielle. Parmi les premiers avocats de cette méthode de conception, figurent certains membres du **Deutsche Werkbund**, notamment Hermann Muthesius, qui y voyait un précieux outil de démocratisation du design. La société AEG est l'une des premières entreprises à mettre en œuvre un système cohérent de composants standardisés, avec la ligne intégrée de produits créés par Peter Behrens, qui témoigne d'une profonde compréhension des techniques modernes de fabrication. Le **Bauhaus** de Dessau adopte la même démarche, et les designers Marcel Breuer, Gerhard Marcks et Wilhelm Wagenfeld y créent des produits standardisés destinés à une industrialisation à grande échelle. En France, Le Corbusier conçoit en 1925 une unité d'habitation standardisée, suivie en 1928 d'un système de mobilier comprenant des modules de rangement standardisés. Après la Deuxième Guerre mondiale, les designers industriels se rallient à la standardisation, qui facilite la fabrication et permet

Charles and Ray Eames, DAR (Dining Armchair Rod), fauteuil pour Zenith Plastics/Herman Miller Furniture Co., 1948–1950

la création de produits rentables. La gamme de sièges en plastique moulé de Charles & Ray Eames (1948–1950) ou les chaises *Polyprop* de Robin Day (1962–1963) par exemple, utilisent une coque standardisée, qui peut être fixée sur une grande variété de piétements adaptés à divers environnements ou fonctions. Cette pratique est devenue courante de nos jours dans tous les domaines du design, depuis la conception d'ordinateurs jusqu'aux programmes d'**identité visuelle**.

Pages extraites du catalogue *Das Neue Möbel* (*Le Nouveau Meuble*), de Standard Möbel GmbH, représentant des meubles standardisés de Marcel Breuer, 1928

STREAMLINING

STYLE STREAMLINE

Norman Bel Geddes, Maquette d'autobus streamline, 1939

Le style Streamline ou « Streamlining » désigne des objets des formes arrondies et aérodynamiques, souvent profilées en goutte d'eau, aux surfaces lisses. Le profilage qui vise à augmenter leur coefficient de pénétration dans l'air, a d'abord été utilisé au début du XXe siècle pour améliorer l'aérodynamisme des avions, des locomotives et des automobiles. Mais les designers des années 1930 l'emploient moins pour des raisons fonctionnelles que pour donner aux objets domestiques un habillage lisse et séduisant. Aux Etats-Unis, le crash de Wall Street de 1929, la dépression qui s'ensuit, et le blocage des prix instauré par le National Recovery Act (plan de relance fédéral) de 1932, entraînent une concurrence farouche chez les industriels. Plutôt que d'investir dans la fabrication de produits entièrement nouveaux, beaucoup préfèrent redessiner ou « profiler » les produits existants pour leur donner un style nouveau. En aidant les fabricants à différencier leurs produits, le Streamlining leur permet aussi de les redessiner chaque année pour jouer sur la mode et relancer les ventes : c'est le cas par exemple des programmes annuels instaurés par Harley Earl chez General Motors. Il est intéressant de constater que les adeptes du style streamline Raymond Loewy, Norman Bel

Carl Breer, Chrysler *Airflow* (1934) avec la locomotive *City of Salina* d'Union Pacific (1934)

Geddes, Henry Dreyfuss et Walter Dorwin Teague sont d'ex dessinateurs de mode ou de publicité, ou encore des décorateurs de théâtre. A partir de maquettes d'argile, ils sculptent des formes lisses et modernisent réfrigérateurs, aspirateurs, téléphones, postes de radio et appareils photo. Les revêtements sont souvent en bakélite, un plastique thermodurcissable parfaitement adapté au moulage des objets streamline. En 1934, le réfrigérateur *Coldspot* que Loewy crée pour Sears est le premier appareil ménager dont la publicité vante la séduction esthétique plus que les performances. Le style se répand très vite aux Etats-Unis, et les designers streamline sont encensés. Comme le remarque Harold von Doren en 1940 : « Tous les industriels ont eu le coup de foudre pour le Streamlining ... le fabricant qui veut faire profiler ses lessiveuses, ses machines à écrire ou ses chaudières, ne vous demande en réalité que de les moderniser, de trouver le moyen d'en remplacer les formes rectilignes par des courbes. » En 1949, Raymond Loewy est le premier designer à faire la couverture du magazine *Time*, et sa photo s'accompagne de cette légende : « Celui qui profile la courbe des ventes ». Par son apport de « valeur ajoutée » à peu de frais, et par le dopage des ventes qu'il a provoqué, le Streamlining a aidé l'industrie américaine des années 1930 à renouer avec la rentabilité.

STYLING

STYLISME

Poste de radio familial, milieu des années 1950

Bien que très différent du design, le stylisme peut être considéré comme une discipline complémentaire de ce dernier. Il s'attache aux qualités d'expression de l'objet, à son aspect, au traitement de surface, alors que le design cherche avant tout la solution d'un problème par une approche globale tournée vers la simplicité et la recherche de l'essentiel. Le stylisme a toujours été utilisé pour masquer l'aspect mécanique du produit, ou au contraire le rehausser par l'exagération de formes symboliques. Raymond Loewy considérait « l'enveloppe » stylistique comme un moyen de développer « les qualités d'expression inhérentes à la machine ». Les fabricants le considèrent très souvent comme un élément de « valeur ajoutée », visant à capter l'intérêt du consommateur et à accentuer la différenciation du produit. Comme le notait avec perspicacité Raymond Loewy : « Entre deux produits de prix, de fonction et de qualité identiques, on choisit celui qui est beau. » La prépondérance du design sur le stylisme – ou l'inverse – a connu au cours du XXe siècle des fluctuations qui suivaient les cycles des économies occidentales : le design, qui est rationnel, prend en général le dessus pendant les périodes de

Poste de radio KNR, milieu des années 1950

baisse d'activité économique, alors que le stylisme, antirationnel, est florissant lorsque l'économie prospère. Le stylisme commence à se développer pendant les années 1920, avec le succès de l'**Art Déco**, puis dans les années 1930 et 1940, époque où le **Streamlining** imprègne l'ensemble du design industriel américain. Vers le milieu et la fin des années 1950 on assiste à l'émergence du stylisme biomorphique, qui s'oppose aux « bonnes formes » que perpétue le design international au nom du « bon goût ». Les produits des années 1960, influencés par la culture Pop, sont des gadgets stylisés éphémères, plus que des créations de design durables. Avec le **Postmodernisme** qui envahit les arts appliqués des années 1980, l'**avant-garde** privilégie la transmission du sens et des valeurs par l'esthétique – c'est-à-dire par le traitement de surface – sur une logique purement fonctionnelle. Si le stylisme a pour but de rendre un produit plus attrayant ou symboliquement plus riche, il a également été utilisé comme moyen d'**obsolescence planifiée**. Son apparition dans les années 1920 dans l'industrie automobile américaine a sensiblement raccourci la durée de vie des voitures : les programmes annuels de refonte stylistique garantissaient que le « dernier cri » d'aujourd'hui serait totalement démodé deux ou trois ans plus tard. Cette tendance a atteint des sommets spectaculaires avec les garnitures en **chrome** dont l'industrie automobile américaine a bardé ses voitures dans les années 1950 – compromettant d'ailleurs ainsi gravement la sécurité de ces véhicules. Bien que les constructeurs automobiles aient par la suite mis un frein à ces modifications annuelles de carrosserie,

Raymond Loewy,
Distributeurs
de Coca Cola,
années 1940
(à droite : nouvel
design)

Preston Tucker et **Harry Miller**, Projets d'automobiles pour Tucker de Chicago, 1946–1948

le stylisme a continué de jouer un rôle important dans ce secteur, comme le montre la mode du **design rétro**. Le stylisme actuel a réintégré le processus global de design, pour intervenir dès le début de la conception du produit plutôt qu'*a posteriori*. Pour définir les différences entre les deux disciplines, le célèbre designer italien Vico Magistretti précise: « Le design n'a pas besoin de dessin, le stylisme oui. Je veux dire par là qu'un objet de design peut se décrire ... avec des mots, parce qu'une fonction précise, et notamment l'utilisation spécifique de matériaux se matérialise dans ce processus, ce qui, dans son principe même, écarte toute considération esthétique, l'objectif étant d'atteindre un but précis. Cela ne signifie évidemment pas que le design ne puisse produire une image précise qui reflète et exprime des qualités ‹ esthétiques › propres à la méthodologie nouvelle qui a servi à la conception de l'objet. Le stylisme, en revanche, doit s'exprimer dans des dessins d'une parfaite exactitude, non parce qu'il méprise la fonction, mais parce qu'il la recouvre d'un habillage de caractéristiques composant le ‹ style ›, qui jouent un rôle décisif dans la reconnaissance de la qualité de cet objet. »

SURREALISM

SURRÉALISME

Directement inspiré par les recherches sur l'inconscient et l'analyse des rêves menées par Sigmund Freud, en tant que mouvement artistique le Surréalisme peut aussi être tenu pour une émanation du symbolisme et du dadaïsme auxquels il est venu se substituer. On pense que c'est Guillaume Apollinaire qui a inventé le terme en 1917, André Breton écrivant le *Manifeste du surréalisme* en 1924. Il y définit le Surréalisme comme un «automatisme psychique pur par lequel on se propose d'exprimer [...] le fonctionnement réel de la pensée. Dictée de la pensée, en l'absence de tout contrôle exercé par la raison, en dehors de toute préoccupation esthétique ou morale». Dans les années 1920, les tenants du Surréalisme, comme Salvador Dalí et Man Ray, créent des assemblages qui cherchent à combiner objectivité et subjectivité, raison et non-sens, conscient et subconscient. Dans les années 1930, le mouvement se fait plus politique et nombre de ses membres s'engagent activement dans le Parti communiste. Son antirationalisme s'oppose à toute idée préconçue sur la nature de l'art ou du design et brouille les distinctions entre eux: on peut, par exemple, considérer le canapé *Mae West* de Salvador Dalí (vers 1936) comme une œuvre d'art fonctionnelle.

Man Ray, Chaise *Le Témoin* pour Gavina, 1971

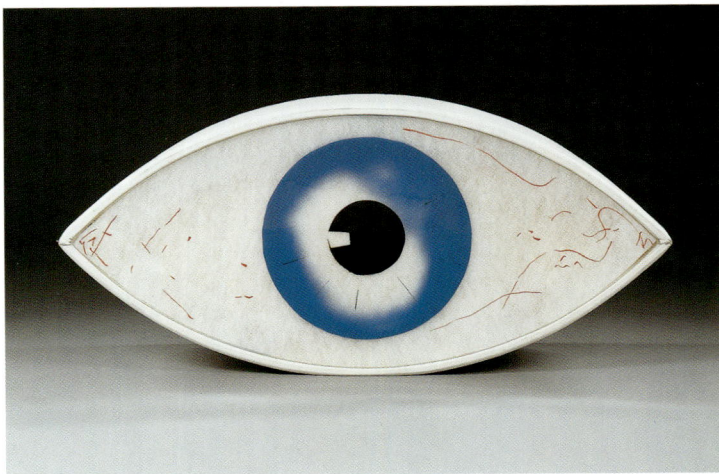

SWISS SCHOOL

ECOLE SUISSE

auch Du bist liberal

Karl Gerstner,
Affiche *auch Du bist liberal (toi aussi tu es libéral)*, 1959

On désigne par le terme d'« Ecole Suisse » un style typographique mis au point à Zurich et à Bâle avant et pendant la Seconde Guerre mondiale. La Suisse ayant conservé sa neutralité politique pendant la guerre, les designers suisses se sentent libres de développer les théories typographiques avancées par le **Bauhaus**. Ernst Keller, enseignant à la Kunstgewerbeschule (Ecole des Arts Appliqués) de Zurich dès 1918, s'est déjà taillé une excellente réputation à l'échelon national pour sa typographie et son graphisme novateurs. Son élève, Theo Ballmer, qui a fait son apprentissage au Bauhaus, mêle à une approche rationnelle des principes spatiaux inspirés par **De Stijl** afin de créer des grilles de maquettes. Dans les années 1920, le graphisme de l'Ecole Suisse se caractérise par l'emploi du photomontage et de nouvelles polices de caractères (caractères sans empattements). Dans les années 1930, Max Bill, lui aussi élève au Bauhaus, y introduit une maquette asymétrique d'inspiration **constructiviste**. Parfois appelé « style graphique international », dans les années 1930 et 1940, le style de l'Ecole Suisse a les caractéristiques suivantes : caractères sans empattements, utilisation de l'« espace blanc » et de la « photographie objective » (c'est-à-dire d'images réalistes). En résulte une esthétique « réductiviste », d'une précision clinique. L'Ecole Suisse exposera ses travaux à l'Exposition nationale suisse de 1939. Dans les années 1950–1960, son influence dépassera les frontières grâce à la revue *New Graphic Design*, créée en 1959. Le succès de ses caractères – *Univers* 1954, conçu par Adrian Frutiger, ou *Helvetica*, redessiné en 1957 par Max Mieddinger – contribue aussi beaucoup à sa renommée internationale. Dans les années 1960, Karl Gerstner et Wolfgang Weingart exploreront des mises en pages plus expressives sans abandonner pour autant l'approche moderniste de l'école.

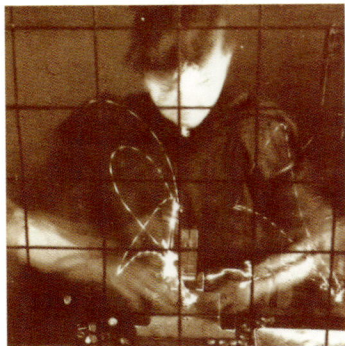

L'une des premières
études sur les
cadences de travail

TAYLORISM

TAYLORISME

Le terme taylorisme définit une méthode de production industrielle fondée sur la théorie d'organisation du travail exposée par Frederick Winslow Taylor. L'ingénieur américain part du constat que l'on peut augmenter la productivité d'une usine en décomposant le travail en tâches distinctes et cohérentes, qui sont ensuite scientifiquement analysées, de manière à éliminer les pertes de temps et les gestes inutiles. En 1881, il élabore et met en pratique le concept de contrôle du temps d'exécution du travail. Son livre publié en 1911, *The Principles of Scientific Management* (*Principes d'organisation scientifique des usines*, 1912), où il expose sa théorie de l'organisation des tâches spécifiques, mais aussi celle de la direction d'usine, exerce une très forte influence sur certains industriels et notamment Henry Ford. Taylor avait la conviction que sa démarche «éliminerait presque toutes les causes de désaccord et de conflit» entre patrons et ouvriers. D'abord considéré comme déshumanisant, le taylorisme a aussi favorisé le développement de l'automatisation et d'une nouvelle génération d'ouvriers qualifiés.

Les Temps Modernes,
film satirique de
Charlie Chaplin sur
l'aliénation induite
par le travail à la
chaîne

TUBULAR METAL

MÉTAL TUBULAIRE

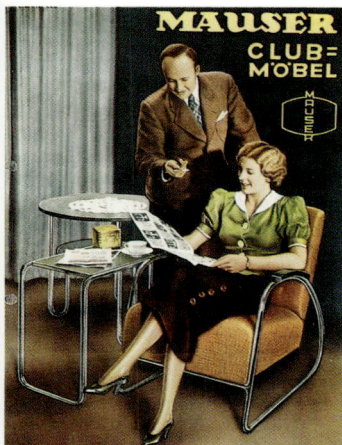

Couverture du
catalogue Mauser,
1939

Le métal tubulaire est tout d'abord fabriqué en Allemagne, où Max et Reinhard Mannesmann font breveter des procédés de fabrication industrielle dès 1885.
Cinq ans après, Reinhard Mannesmann fonde à Düsseldorf la Mannesmannröhren-Werke, qui devient le
leader de la production de tube métallique. Par tour-
nage d'une tige de métal plein entre deux rouleaux
inclinés qui tournent dans le même sens et entraînent
la tige sur une barre porte-mandrin (sorte de broche),
on obtient une section tubulaire. Contrairement au tuyautage que l'on
pratiquait auparavant, le procédé de Mannesmann, qui évite les raccords,
permet d'obtenir des tubes à la fois plus solides et plus esthétiques. Le
métal tubulaire trouve sa première exploitation commerciale dans les cadres de bicyclette, notamment ceux que fabrique l'entreprise allemande
Adler. Le diamètre extérieur de ces tubes peut varier de 95 à 380 mm. Au

**Ludwig Mies van
der Rohe,** Fauteuil,
modèle n° *MR20,*
pour Berliner Metall-
gewerbe Josef
Müller, 1927

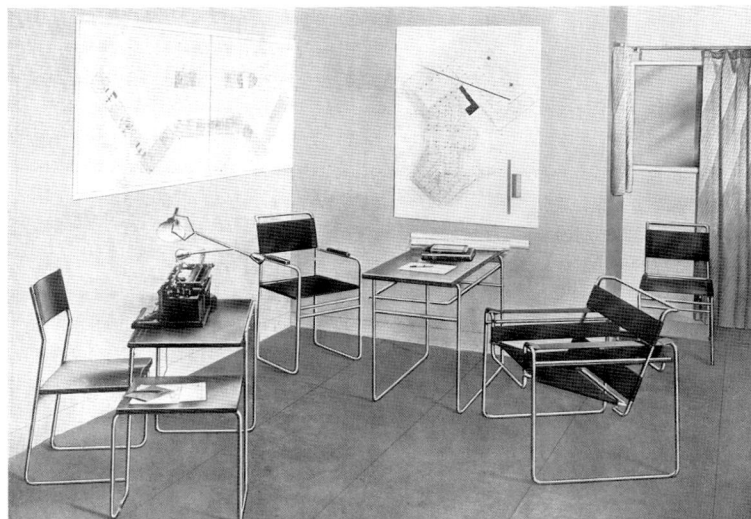

←Publicité de Thonet, meubles en métal tubulaire crées par Bruno Weil (en haut) et Marcel Breuer (en bas)

↖Une page du catalogue Thonet (1930–1931) représentant le fauteuil *B 341/2* et la table *B 53* de Marcel Breuer

↗ **Marcel Breuer**, Fauteuil *B 11*, 1e version, 1926–1927 et 2e version *B 11*, 1927

tout début du XXᵉ siècle, on commence à utiliser pour d'autres moyens de transport ce matériau à la fois plus solide, plus léger et plus souple que le bois. De plus, les coins, qui étaient traditionnellement rivetés, peuvent désormais être remplacés par des sections de tube soudées. Anthony Fokker, le célèbre designer aéronautique néerlandais, utilise le métal tubulaire soudé dans la structure de son premier avion, le *Spin Mark I* en 1901, ainsi que dans d'autres modèles ultérieurs, produits en Allemagne pendant la Première Guerre mondiale. La mise au point du matériel de soudure portatif facilite encore l'utilisation du matériau. Au début des années vingt, les entreprises Maschinenfabrik Sack GmbH et Joseph Gassen obtiennent des brevets pour des procédés permettant de fabriquer des tubes à parois plus fines. En 1925, Marcel Breuer est le premier designer à créer des meubles en métal tubulaire. Son célèbre fauteuil *Wassily Modell N° B3* (1925–1927) constitue une exploitation magistrale de l'esthétique de la machine, comme des qualités techniques de cette structure. Un an plus tard, l'architecte néerlandais Mart Stam construit le prototype d'une chaise en porte-à-faux composée de tuyaux à gaz rigides assemblés par soudure, qui inspirent à Marcel Breuer et Ludwig Mies van der Rohe de nouvelles créations en métal tubulaire nickelé ou chromé (voir **chrome**). A la fin des années 1920 et pendant dix ans, plusieurs fabricants, comme les frères Thonet, Standard-Möbel et PEL, deviennent des fabricants renommés de mobilier Moderniste de ce type. Le tube métallique est également un matériau de prédilection des designers **Modernes** des années trente, qui utilisent son esthétique luisante à des fins stylistiques. Il reste largement employé dans la création de mobilier industriel jusqu'aux années 1950 et 1960, où il est détrôné par les **plastiques** de plus en plus répandus. Il trouve encore aujourd'hui une pléthore d'applications, depuis les cadres de bicyclettes jusqu'aux cannes de golf.

UTILITARIAN DESIGN

DESIGN UTILITAIRE

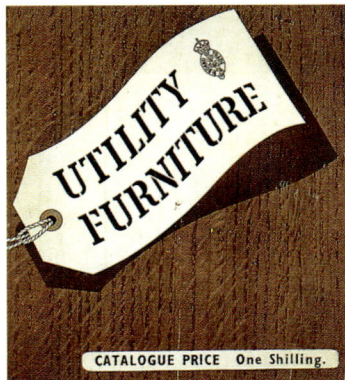

Couverture du premier catalogue de Utility Furniture, 1943

→James Leonard, Chaises d'école empilables en contreplaqué et aluminium, 1948

Le design utilitaire est fondé sur l'idée que le principe d'utilité est le premier critère de qualité. Depuis des siècles, l'utilitaire prime sur la beauté dans la fabrication de la plupart des objets quotidiens. Mais tout en répondant aussi logiquement, aussi efficacement et aussi économiquement que possible à des nécessités pratiques, ces produits utilitaires dégageaient une esthétique spécifique, une sorte de beauté fondée sur la pureté fonctionnelle. C'est l'intégrité de cette adaptation à l'usage qui sert de fondement à la maxime du **Mouvement Moderne** : « La forme découle de la fonction ». Certains designers des années 1920 et 1930, tel l'architecte néerlandais Jacobus Johannes Pieter Oud, créent des meubles utilitaires débarrassés de toute forme d'ornement, d'accord avec l'inspiration socialiste du Mouvement Moderne. Cette démarche selon laquelle plus un produit est rationnel, moins il coûte cher à fabriquer, ce qui le rend donc plus accessible aux classes populaires, ne tient cependant pas compte des goûts traditionnels qui prévalent souvent dans le milieu social auquel l'objet est justement destiné. Le gouvernement britannique entreprend, de 1941 à 1951, l'*Utility Scheme*, un programme à grande échelle de production de biens de consommation rationnels et bon marché : meubles et vêtements « utilitaires » sont proposés aux consommateurs, pour favoriser la relance de l'économie, à une époque où les matières premières sont encore rationnées. Plus récemment, certains designers comme Jasper Morrison s'orientent vers la création de produits essentialistes dont l'esthétique est très proche de celle du design utilitaire.

Tasse à café et soucoupe Aynsley China, 1956

VKHUTEMAS

VHUTEMAS
FONDÉS EN 1920
MOSCOU, RUSSIE

Fondés en 1918, les Vhutemas (Ateliers Supérieurs d'Art et de Technologie) succèdent aux Svomas (Ateliers Artistiques Libres). Ces ateliers soviétiques, qui sont aussi une école de design progressiste, comptent parmi leurs professeurs de nombreux chefs de file du **Constructivisme** : Alexandre Rodchenko, Varvara Stepanova, Vladimir Tatline, Naum Gabo, Antoine Pevsner, Liubov Popova, Alexandre Vesnin. Fidèles à l'idée d'un « artiste-producteur », ils nouent des contacts avec l'industrie, développent de nouvelles méthodes pédagogiques et, à travers El Lissitzky, Kasimir Malévitch et Vassili Kandinsky, entretiennent des liens étroits avec le **Bauhaus**. Comme d'autres institutions soviétiques – tels l'Inkhuk (Institut de culture artistique) ou l'Izo (département beaux-arts du Narkompros) –, les Vhutemas jouent un rôle décisif dans la formation de l'idéologie artistique en URSS. Mais, si le régime soutient les débuts de l'**avant-garde** russe, il ne tarde pas, néanmoins, à la persécuter : en 1932, tous les organismes d'architecture et de design – dont le Vhutein (Institut Supérieur d'Art et Technique), nouvelle appellation des Vhutemas depuis 1927 – sont abolis au profit de syndicats contrôlés par le Parti.

Alexandre Rodchenko, Mobilier destiné à la salle de lecture du club des ouvriers, Pavillon Russe de l'Exposition des Arts Décoratifs, Paris, 1925

WIENER WERKSTÄTTE

ATELIER VIENNOIS
1903–1932
VIENNE, AUTRICHE

Dagobert Peche,
Affiche pour l'atelier
de mode de la
Wiener Werkstätte,
1920

↓**Josef Hoffmann,**
Vase en cristal taillé
fabriqué par Ludwig
Moser & Söhne pour
la Wiener Werk-
stätte, vers 1920

La Wiener Werkstätte (Atelier viennois) est officiellement fondée à Vienne en juin 1903 par les sécessionnistes Josef Hoffmann et Koloman Moser, et par le riche
banquier Fritz Wärndorfer. A l'image des premières as-
sociations anglaises de ce type, et surtout de la Guild of
Handicraft (Guilde de l'artisanat) de Charles Ashbee, la
coopérative cherche comme cette dernière à conjuguer
art et artisanat. Dès octobre 1903, elle ouvre divers ateliers : orfèvrerie, travail du métal, du cuir, reliure, ébénisterie, ainsi qu'un cabinet d'architecte (précédemment
celui d'Hoffmann) et un atelier de design. Privilégiant
éclairage et hygiène, la Wiener Werkstätte est aussi
exemplaire dans sa façon de traiter ses ouvriers : les ébé-
nistes, par exemple, bénéficient d'une à deux semaines
de congés payés, avantage pratiquement sans précédent. Les réalisations de la Werkstätte ne portent pas
seulement le monogramme de leur auteur, mais aussi
celui de l'artisan qui les a fabriquées, dans une volonté
d'instaurer une égalité véritable entre artistes et artisans. Ses membres – et Hoffmann plus que tous – refu-
sent de compromettre la qualité de leurs créations afin
de les rendre plus abordables, et tiennent à utiliser
les meilleurs matériaux disponibles. Si cette démarche
est un gage d'excellence, elle est aussi un obstacle au
succès financier, et le parti pris de démocratisation de
la Wiener Werkstätte s'en trouve affaibli. Pourtant, dès
1905, elle remplace la **Sécession** à la tête des associa-
tions artistiques et artisanales viennoises et emploie
plus d'une centaine d'ouvriers. Ses œuvres sont recen-
sées dans des revues comme *Deutsche Kunst und Deko-
ration* (Art et décoration en Allemagne) et *The Studio* ;
elle touchera un public plus large grâce à diverses expositions (Berlin 1904, Vienne et Brno 1905, Hagen 1906)
et en participant à des manifestations internationales :

Werkbund-Ausstellung à Cologne en 1914, Exposition Internationale des Arts Décoratifs à Paris, en 1925. Entre 1903 et 1932, la Werkstätte fabrique les meubles, créations verrières, objets de métal, bijoux, vêtements, papiers peints, **céramiques** et travaux graphiques de plus de deux cents artistes (dont beaucoup sont d'anciens étudiants de la Kunstgewerbeschule: Otto Prutscher, Jutta Sika, Michael Powolny, Carl Otto Czeschka, Berthold Löffler et Emmanuel Josef Margold). Elle entreprend aussi trois chantiers essentiels, répondant à l'idée du **Gesamtkunstwerk** (Œuvre d'art totale) : son théâtre, le Cabaret Fledermaus (Chauve-Souris, 1907), le Sanatorium de Purkersdorf, réalisé par Josef Hoffmann (1904–1906), et le Palais Stoclet (1905–1911). Ce dernier, édifié à Bruxelles, est représentatif du style sécessionniste de ses débuts: lignes droites sévères, compositions complexes et matériaux luxueux. Fritz Wärndorfer émigre aux Etats-Unis en 1914 et, sous l'égide de son nouveau mécène, Otto Primavesi, les productions de la Werkstätte se font moins élitistes, les lignes s'assouplissent, le style gagne en éclectisme – comme en témoignent, par exemple, les œuvres de Dagobert Peche. La Wiener Werkstätte ouvrira une filiale à New York en 1921, une autre à Berlin en 1929, mais devra pourtant déposer son bilan en 1932.

Biographies

Charlotte Fiell a étudié au British Institute, à Florence, et à la Camberwell School of Arts & Crafts de Londres, dont elle a obtenu une licence (avec mention) en histoire du dessin et de la gravure et en science des matériaux. Elle a par la suite suivi une formation pratique au Sotheby's Institute, à Londres.

Peter Fiell a aussi reçu une formation au Sotheby's Institute, à Londres, puis obtenu une maîtrise en études sur le design délivrée par le Central St Martin's College of Art & Design, à Londres.

Charlotte et Peter Fiell, qui font autorité dans le domaine du design des XXe et XXIe siècles, sont des auteurs prolifiques sur ce sujet. On leur doit notamment les titres *1000 Lights*, *1000 Chairs*, *Design du XXe siècle*, *Design Industriel A–Z*, *Design Scandinave*, *Le Design du 21e siècle* et *Le design graphique au 21e siècle*, parus aux éditions TASCHEN. Installés à Londres, ils travaillent comme directeurs de publication de la collection design international de TASCHEN. Ils dirigent aussi une agence spécialisée dans la vente, l'achat, l'étude et la promotion d'objets de design.

On peut contacter Charlotte et Peter Fiell à l'adresse suivante : p.fiell@taschen.com.

Remerciements

Nous souhaitons remercier tous ceux, chez Taschen, qui ont mené à bien ce nouveau projet, en particulier notre éditrice Viktoria Hausmann. Nos remerciements vont aussi à notre éditeur-conseil Thomas Berg et à notre assistant en matière de recherches, Quintin Coville. Nous sommes aussi profondément reconnaissants envers les nombreux particuliers, fabricants, distributeurs, agences de design, salles des ventes, institutions publiques et banques d'images qui nous ont apporté leur concours et nous ont fourni le matériel iconographique. Paul Chave mérite une mention particulière pour l'excellence des photos qu'il a faites pour compléter ce matériel.

Nous remercions en particulier :

A&E Design, Stockholm
Advanced Vehicle Design, Altrincham
AEG Aktiengesellschaft, Francfort-sur-le-Main
Alessi, Crusinallo
Animal, Wareham
Artek, Helsinki
Atomic, Altenmarkt
Barry Friedman Ltd., New York
Biro Bic Ltd., Londres
Braun GmbH, Kronberg-im-Taunus
Callaway Golf Europe, Chessington
Cooper-Hewitt Museum, New York
Daimler-Chrysler, Detroit
Design Research Unit, Londres
Ecco Design, New York
Electrolux, Stockholm
Fiat UK, Slough
Fischer Fine Art, Vienne
Ford Motor Company, Brentwood
Frazer Designers, Londres
General Motors Corp., Detroit
Giugiaro Design, Moncalieri
Haslam & Whiteway, Londres
Honda UK Ltd., Reading
IBM Corp., Armonk
Imperial War Museum, Londres

Knoll International, New York
Lewis Moberley, Londres
London Transport Museum, Londres
Ross & Miska Lovegrove, Londres
Motivation, Bristol
Musée des Arts décoratifs de Montréal
Die Neue Sammlung, Munich
Nissan Motor Co., Tokyo
NPK Industrial Design, Leyde
Pentagram Design, Londres
Pethick & Money Ltd., Londres
Raymond Loewy International, Londres
Remarkable Pencils Ltd., Londres
Science & Society Picture Library, Londres
Seymour Powell, Londres
Shimano Europe, Nunspeet
Silhouette International, Linz
Smart Cars UK, Londres
Sotheby's Picture Library, Londres
Torsten Bröhan, Berlin
Toshiba Corp., Tokyo
Volvo Corp., Göteborg
Vitra GmbH, Weil-am-Rhein
The Wedgwood Museum, Barlaston
The Wolfsonian (FIU), Miami
Zanotta, Milan

Crédits photographiques

Nous sommes extrêmement reconnaissants aux personnes et aux institutions qui nous ont autorisés à reproduire des images. Nous voulons aussi remercier les nombreux designers, fabricants et institutions qui nous ont obligeamment fourni les portraits des designers reproduits dans cet ouvrage. L'éditeur s'est efforcé de respecter les droits des tiers et si de tels droits ont été négligés, cette omission sera réparée dans toute la mesure du possible. La plupart des documents historiques présentés ici proviennent des archives des auteurs.

A&E Design : 72 (en haut), 72 (en bas) – A. H. Heineken : 78 (en bas) – Advanced Vehicle Design : 55 (en haut) – AEG : 64 (en bas), 169 – Alessi : 60, 143 (left), 143 (right),150, 151, 168 – Animal : 77 (en bas, droite) – Artek : 130, 144 (en haut) – Atomic : 77 (gauche) – Audi : 9 – Avocet : 77 (en bas, gauche) – B&B Italia : 147 – Braun GmbH : 101 – Torsten Bröhan : 11, 34, 47, 63 (en haut), 63 (en bas), 90 (en haut), 100 (en bas), 103 (en haut), 124 (en bas), 186 – Barry Friedman Limited : 23, 25, 39, 40, 45, 46, 50, 67, 69, 104 (en haut), 109, 124 (en haut), 163, 179 (en bas), 185, 187 – Fred Baier : 66 (en haut) – Biro Bic Ltd. : 138 (en haut), 138 (en bas) – Callaway Golf Europe : 76 (en bas) – Carrera : 55 (en bas) – Casio : 112 (en bas) – Cassina SpA : 105 – Cathers & Dembrosky : 33 – Cooper-Hewitt Museum : 37, 58 (en bas – photo : Dave King) – DaimlerChrysler : 171 – Design Council (Millennium Products) : 71 (en bas), 74 (en bas, droite), 76 (en haut) – Design Research Unit : 166 (en haut) – Die Neue Sammlung : 132 (photo : Angela Bröhan), 141 (gauche – photo : Angela Bröhan), 141 (droite – photo : Angela Bröhan), 146 (photo : Angela Bröhan) – Draenert : 149 (en bas) – Ecco Design : 83 – Electrolux : 59 (en bas) – Fiat : 167 (en bas) – Fiell International Limited (photo : Paul Chave) : 15, 48 (en haut), 100 (en haut), 113 (en haut), 134 (en haut), 134 (en bas), 144 (en bas), 161, 169 (en bas) – Fischer Fine Art : 48 (en bas), 125, 145, 182 (en bas), 183 – Ford Motor Company : 87 (en haut), 87 (en bas), 88, 89 – Fortunato Depero Museum : 92, 93 – Frazer Designers : 167 (en haut) – Giugiaro Design : 77 (en haut, droite) – Haslam & Whiteway : 29, (The Birkenhead Collection) : 10 – Zaha Hadid : 70 – IBM : 61 – Imperial War Museum : 119 (en bas), 120, 121 – Knoll International : 106 – Kunstgewerbemuseum, Berlin : 61 (photo : Saturia Linke) – Lewis Moberley : 644 – Luxo Italiana : 149 (en haut) – John Makepeace : 66 (en bas) – McDonald's Restaurants Ltd. : 53 – Memphis : 115 (en haut), 116, 118 – Michael Hopkins & Partners : 97 (photo : Tim Street-Porter) – Motivation : 78 (en haut) – Museé des Arts Décoratifs de Montreal : 35 (photo : Schecter Lee) – Néotu : 165 – N.P.K. (Ninaber, Peters, Krouwel) : 166 (en bas) – OMK : 12 (en haut) – Nissan : 158 (en haut) – Pentagram : 59 (en haut) – Pethick & Money Ltd. : 137 – Protector Technologies : 74 (en bas-gauche) – Race Furniture : 12 (en bas) – Random Technologies : 71 (en haut) – Raymond Loewy International : 64 (en haut), 65, 174 – Remarkable Pencils Ltd. : 82 (en bas) – Ron Arad Associates : 148 – Sanderson & Sons : 28 – Science & Society Picture Library : 52 (en bas), 56 (en bas), 74 (en haut), 113 (en bas), 159, 160 (en bas), 160 (en haut) – Seymour Powell : 57 – Shimano : 13 – Silhouette : 112 (en haut) – Smart Cars UK : 123 – Smart Design : 73 (gauche), 73 (droite) – Sotheby's : 30, 31, 115 (en bas), 155 (en bas), 156, 176 – Stelton 142 – Stokke 84 (en bas) – Stuart Parr Gallery 129 – Tim Street-Porter 94–95 – Studio Alchimia 19 – Studio X – Ross Lovegrove (photo John Ross) 85 (en haut), 85 (en bas), 86, 130, 133, 154 – Taschen GmbH 24 (en haut), 24 (en bas), 38, 41, 43, 44, 79, 81, 90 (en bas), 98, 110, 112, 173 (en haut), 173 (en bas), 181 (droite) – Toshiba Corp. 82 (en haut), 114 – UPI/Bettmann Archive 102 – Vitra GmbH 155 (en haut) – Volvo Corp. 75 – The Wedgwood Museum 56 (en haut) – The Wolfsonian – Florida International University, The Michell Wolfson Jr. Collection 36 (en haut), 135 – Yamaha 158 (en bas) – Zanotta 18, 20

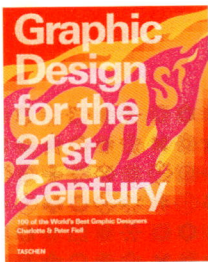

Graphic Design for the 21st Century
Charlotte & Peter Fiell /
Flexi-cover, 640 pp. / € 29.99 /
$ 39.99 / £ 19.99 / ¥ 5.900

TASCHEN'S 1000 Favourite Websites
Ed. Julius Wiedemann / Flexi-cover,
book + DVD / 608 pp. / € 29.99 /
$ 39.99 / £ 19.99 / ¥ 5.900

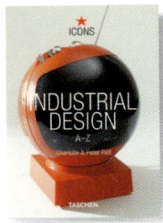

Industrial Design
Charlotte & Peter Fiell /
Flexi-cover, 192 pp. / € 6.99 /
$ 9.99 / £ 4.99 / ¥ 1.500

"These books are beautiful objects, well-designed and lucid." —Le Monde, Paris, on the ICONS series

"Buy them all and add some pleasure to your life."

African Style
Ed. Angelika Taschen

Alchemy & Mysticism
Alexander Roob

All-American Ads 40s
Ed. Jim Heimann

All-American Ads 50s
Ed. Jim Heimann

All-American Ads 60s
Ed. Jim Heimann

American Indian
Dr. Sonja Schierle

Angels
Gilles Néret

Architecture Now!
Ed. Philip Jodidio

Art Now
Eds. Burkhard Riemschneider,
Uta Grosenick

Atget's Paris
Ed. Hans Christian Adam

Berlin Style
Ed. Angelika Taschen

Cars of the 50s
Ed. Jim Heimann, Tony
Thacker

Cars of the 60s
Ed. Jim Heimann, Tony
Thacker

Cars of the 70s
Ed. Jim Heimann, Tony
Thacker

Chairs
Charlotte & Peter Fiell

Christmas
Ed. Jim Heimann, Steven Heller

Classic Rock Covers
Ed. Michael Ochs

Design Handbook
Charlotte & Peter Fiell

Design of the 20th Century
Charlotte & Peter Fiell

Design for the 21st Century
Charlotte & Peter Fiell

Devils
Gilles Néret

Digital Beauties
Ed. Julius Wiedemann

Robert Doisneau
Ed. Jean-Claude Gautrand

East German Design
Ralf Ulrich / Photos: Ernst Hedler

Egypt Style
Ed. Angelika Taschen

Encyclopaedia Anatomica
Ed. Museo La Specola
Florence

M.C. Escher

Fashion
Ed. The Kyoto Costume
Institute

Fashion Now!
Ed. Terry Jones, Susie Rushton

Fruit
Ed. George Brookshaw,
Uta Pellgrü-Gagel

HR Giger
HR Giger

Grand Tour
Harry Seidler

Graphic Design
Eds. Charlotte & Peter Fiell

Greece Style
Ed. Angelika Taschen

Halloween
Ed. Jim Heimann, Steven
Heller

Havana Style
Ed. Angelika Taschen

Homo Art
Gilles Néret

Hot Rods
Ed. Coco Shinomiya, Tony
Thacker

Hula
Ed. Jim Heimann

Indian Style
Ed. Angelika Taschen

India Bazaar
Samantha Harrison, Bari Kumar

Industrial Design
Charlotte & Peter Fiell

Japanese Beauties
Ed. Alex Gross

Krazy Kids' Food
Eds. Steve Roden,
Dan Goodsell

Las Vegas
Ed. Jim Heimann,
W. R. Wilkerson III

London Style
Ed. Angelika Taschen

Mexicana
Ed. Jim Heimann

Mexico Style
Ed. Angelika Taschen

Morocco Style
Ed. Angelika Taschen

New York Style
Ed. Angelika Taschen

Paris Style
Ed. Angelika Taschen

Penguin
Frans Lanting

20th Century Photography
Museum Ludwig Cologne

Photo Icons I
Hans-Michael Koetzle

Photo Icons II
Hans-Michael Koetzle

Pierre et Gilles
Eric Troncy

Provence Style
Ed. Angelika Taschen

Robots & Spaceships
Ed. Teruhisa Kitahara

Safari Style
Ed. Angelika Taschen

Seaside Style
Ed. Angelika Taschen

Albertus Seba. Butterflies
Irmgard Müsch

Albertus Seba. Shells & Corals
Irmgard Müsch

Signs
Ed. Julius Wiedeman

South African Style
Ed. Angelika Taschen

Starck
Philippe Starck

Surfing
Ed. Jim Heimann

Sweden Style
Ed. Angelika Taschen

Sydney Style
Ed. Angelika Taschen

Tattoos
Ed. Henk Schiffmacher

Tiffany
Jacob Baal-Teshuva

Tiki Style
Sven Kirsten

Tuscany Style
Ed. Angelika Taschen

Valentines
Ed. Jim Heimann,
Steven Heller

Web Design: Best Studios
Ed. Julius Wiedemann

Web Design: Flash Sites
Ed. Julius Wiedemann

Web Design: Portfolios
Ed. Julius Wiedemann

**Women Artists
in the 20th and 21st Century**
Ed. Uta Grosenick

ICONS